検証 大須事件の全貌

日本共産党史の偽造・検察の謀略・裁判経過

宮地　健一

御茶の水書房

はじめに――大須事件とは？

今日、大須事件の真相・実態について、知っている人はほとんどいないと思われる。連想をしても、メーデー事件、吹田事件と並ぶ三大騒擾事件の一つとしての歴史的出来事の記憶である。半世紀以上も前に起きた日本共産党による武装闘争事件と裁判経過を検証する意義があるのか。

大須事件は、一九五二年七月七日、名古屋市中区大須・岩井通りで発生した。それは、日本共産党の火炎ビン武装デモ行進中の約一五〇〇人と、それにたいし、武装警官隊約八九〇人が三方から襲撃した事件である。メーデー事件、吹田事件が無罪だったのにたいし、大須事件のみに騒擾罪が成立した。

大須事件と裁判の全貌は、さまざまな今日的な問題を含んでいる。一九五二年度の日本共産党の武装闘争と北朝鮮・ソ連・中国側が仕掛けた朝鮮戦争との関係がある。私は、武装闘争とは、ソ連共産党・中国共産党・朝鮮労働党という三党が、朝鮮戦争の後方兵站補給基地日本における武力撹乱戦争を起こせと、日本共産党中央軍事委員会に命令し、それに隷従した結果としての諸事件と位置づけている。これを立証することは、一九五〇年代日本史の書き換え問題にも通じる意義を持つ。

それに対応した警察・検察の日本共産党名古屋市委員会・軍事委員会にたいする騒擾罪でっち上げの謀略というテーマがある。他二事件との大きな違いは、名古屋市軍事委員会による火炎ビン武装デモの計画と準備内容・経過が、警察・検察に事前に掴まれてしまったことだった。それをキャッチした警察・検察が、他二事件と比べ、第三の騒擾事件でっち上げの周到な計画と事前準備をした。それは、裁判経過でも貫かれた。検察の謀略事実を発掘・公表することは、今日的問題でもある。

さらには、大須事件裁判の経緯や、被告・弁護団の裏側で、宮本顕治の日本共産党が、名古屋市委員長ら被告二人除名を含め、誤った公判路線・方針を押し付けた事実がある。彼は、それらの誤りとの関係で、日本共産党史の根本的な偽造までもした。これは、宮本顕治が、被告百五十人を切り捨て、見殺しにした敵前逃亡だったと規定できる。党史の真実を解明することは、いつになっても重要である。

ところが、大須事件に関する研究文献・評論は今まで出版されていない。日本共産党側を中心とした被告・弁護団のパンフ、写真集、文集や、共産党側ルポルタージュ書籍『被告』はある。また、除名された被告人酒井博のパンフ一冊があるだけである。

それらの記録・資料多数を含め、共産党側＝被告・弁護団側、警察・検察側、除名された名古屋市委員長他一人の証言、名古屋地裁・高裁・最高裁の判決文、ソ中両党側から総合的に検証する必要があると考えた。

一九五二年、日本共産党は、白鳥事件を合わせ、四大武装闘争事件を実行した。本書では、四事件の比較を、警察・検察側と共産党側のデータやエピソードを含め、様々な視点から検証する。

私は、同人誌『象』（編集責任水田洋）の同人である。その第五五号・二〇〇六年夏から六二号・二〇〇八年秋まで、上記題名の評論を八回連載で載せた。なお、『象』同人の三人に、出版にあたり、説明不足箇所や立証根拠の挿入、不適切な語彙・規定に関する訂正などしていただいた。ここで改めてお礼申し上げる。

検証：大須事件の全貌

目次

目　次

検証：大須事件の全貌

――日本共産党史の偽造、検察の謀略、裁判経過

第一部　共産党による火炎ビン武装デモの計画と準備

大須事件は、一九五二年七月七日・七夕の日に発生した。いまどき、なぜ、五七年も前の騒擾事件なのかと思われる人も多いと考える。メーデー事件の実態や無罪判決はかなり知られている。しかし、三大騒擾事件において、騒擾罪で有罪になったのは、大須事件だけだった。ところが、東海地方や愛知県、現場になった名古屋市でも、事件の実態や裁判経過の全体像はほとんど知られていない。今日、その真相を解明するのは、一九五〇年代の激動した歴史を理解する上で、必要ではなかろうか。

大須事件の全貌を第一部から第五部までに分けて検証する。第二部以降のテーマは次である。第二部、警察・検察による騒乱罪でっち上げの計画と準備。第三部、二勢力の思惑による大須・岩井通り騒乱状況の認否。第四部、騒擾罪成立の原因（一）＝法廷内闘争の評価。第五部、騒擾罪成立の原因（二）＝法廷内外体制の欠陥。朝鮮戦争二周年目における事件の歴史的背景は、それらの中で分析する。

検証資料の中心は、（一）裁判における検察側の『部外秘』秘密文書、（二）被告・弁護団のパンフ・控訴書・上訴書、（三）裁判所判決文、（四）私が取材した事件関係者多数の証言などである。ルポルタージュ風に書くことも考えたが、そうすると事件の正確さがぼやけるので、あえてそれらの原資料に基づく書き方にした。原資料は膨大にあるが、かなりを私のホームページにおいて『大須事件・資料編、第一部〜第五部』として載せている。事件の実態を理解しやすいように、（表）もかなり作成し、挿入した。第三部では、現場分析の地図も数枚載せる。

第一部の謎ときテーマは、共産党による火炎ビン武装デモの計画と準備はどのようになされたのか。それは、中日本ビューロー員・党中央軍事委員岩林虎之助の軍事命令によるものだったのか。共産党名古屋市軍事委員会の組織実態はどうだったのか。火炎ビンは、どの組織が何本製造したのかなどである。

なお、被告・弁護団側は火炎ビンとし、検察側は火焔瓶を使っているので、統一しないで両方ともそのまま載せる。

一、大須事件・裁判において解明すべき特殊性と謎

まず、一九五二年に発生した四つの事件・裁判を比較し、そこでの大須事件の特殊性と謎について位置づけをする必要がある。ただ、白鳥事件について、私は、さまざまなデータ・裁判資料を検証した結果、（一）警察が、事件後に、幌見峠の弾丸という物的証拠ねつ造をした謀略の側面もあるが、（二）共産党札幌市軍事委員会による白鳥警部射殺行為は真実だったという認識に立っている。四事件とも、日本共産党中央軍事委員会の武装闘争路線・指令に基づいて、札幌市・東京・大阪・名古屋市という暴力革命拠点四地域の共産党軍事委員会が決行した。白鳥事件・メーデー事件・吹田事件の分析・詳細は、私のホームページに載せてある。

表一　四事件の概況、裁判・判決内容、軍事方針有無

項目	白鳥事件	メーデー事件
発生年月日	一九五二年一月二一日	一九五二年五月一日
概況	札幌市白鳥警部射殺 殺人予告ビラ→実行→実行宣言ビラ	講和条約発効後の初メーデー 皇居前広場での集会許可の裁判中
参加者	逮捕五五人＝党員一九、逮捕後離党三六人。 実行犯含む一〇人中国逃亡	明治神宮外苑一五万人→デモ→皇居前 皇居前広場突入四〇〇〇～八〇〇〇人、逮捕一二一一人
死傷者	白鳥警部即死	死亡二、重軽傷一五〇〇人以上、警官重軽傷八三二人
裁判被告	殺人罪・殺人幇助罪で起訴	刑法一〇六条騒擾罪で起訴二五三人 分離公判→統一公判
裁判期間 判決内容	被告追平ら一部は検察側証人に八年間 村上懲役二〇年、再審・特別抗告棄却。高安・村手殺人幇助罪懲役三年・執行猶予。中国逃亡者時効なし	二〇年七カ月間、公判一八一六回 騒擾罪不成立、「その集団に暴行・脅迫の共同意志はなかった」。最高裁上告阻止、無罪確定、公務執行妨害有罪六人
軍事方針有無	札幌市軍事委員長村上と軍事委員七人による「白鳥射殺共同謀議」存在	日本共産党中央軍事委員長志田が指令した「皇居前広場へ突入せよ」との前夜・口頭秘密指令
武器使用	ブローニング拳銃一丁	（プラカード角材）、朝鮮人の竹槍、六角棒
共産党側の認否	軍事方針存在の全面否認	軍事方針存在の全面否認
関係者の自供	村上以外、「共同謀議」等自供 逃亡実行犯三人中、中国で一人死亡	志田指令を自供した軍事委員なし 増山太助が著書（二〇〇〇年）で指令を証言

警察側謀略有無	拳銃・自転車の物的証拠がなく、幌見峠の弾丸の物的証拠をねつ造	二重橋広場の一番奥まで、行進を阻止せず、引き入れておいてから襲撃するという謀略。判決は、「警察襲撃は違法行為」と認定

項目	吹田事件	大須事件
発生年月日	一九五二年六月二四、二五日	一九五二年七月七日
概況	朝鮮動乱発生二周年記念前夜祭と吹田駅へ二コースの武装デモ→梅田駅	帆足・宮腰帰国歓迎報告大会、大須球場
参加者	集会二～三〇〇〇人、デモ一五〇〇人＝朝鮮人五〇〇、民青団一〇〇、学生三五〇、婦人五〇人、逮捕二五〇人、他	集会一万人、無届デモ一〇〇〇～一五〇〇人 逮捕四〇〇人、警官事前動員配置二七一七人 武装警官隊八九〇人
死傷者	デモ隊重軽傷一一、警官重軽傷四一人	死亡二人、自殺一人、重軽傷三五～多数
裁判被告	刑法一〇六条「騒擾罪」で起訴一一一人 日本人六一人・朝鮮人五〇人、統一公判	刑法一〇六条「騒乱罪」で起訴一五〇人 分離公判→統一公判
裁判期間	二〇年間	二六年一カ月間、第一審公判七七二回
判決内容	騒擾罪不成立 第一審有罪一五人、無罪八七人	口頭弁論なしの上告棄却で騒乱罪罪成立 有罪一一六人＝実刑五人、懲役最高三年 執行猶予つき罰金二千円三八人
軍事方針有無	多数の火炎ビン携帯指令の存在	「無届デモとアメリカ村攻撃」指令メモの存在
武器使用	火炎ビンと竹槍（数は不明）	火炎ビン二〇発以上（総数は不明）
共産党側の認否	軍事方針存在の全面否認	軍事方針存在の全面否認

関係者の自供	公判冒頭で、指揮者の軍事委員長が、軍事方針の存在を陳述。裁判官は、起訴後であると、証拠不採用	共産党名古屋市委員長・愛知ビューローキャップ永田を共産党が除名→永田は公判で軍事方針の存在承認
警察側謀略有無	デモ隊一五〇〇人にたいして、警官事前動員配置三〇七〇人	デモ五分後の警察放送車の発火疑惑、その火炎ビンを二一年間提出せず。警察スパイ鵜飼昭光の存在。警察側のデモ隊へのいっせい先制攻撃のタイミングよさ

二、被告・弁護団側と検察側による大須事件の概要

被告・弁護団が公表している大須事件の概要

以下は、パンフ、書籍、写真集のすべてで、統一された内容である。これは、『大須事件の真実、写真が語る歴史への証言』（一九八〇年七月七日、二頁）から転載した。なお、正式な刑法用語は騒擾罪であり、検察・裁判所側は、「騒擾罪」という名称にしている。しかし、大須事件の被告・弁護団は、これが当用漢字にないという理由で、「騒乱罪」という名称を使っている。よって、大須事件分析でも両方を使う。

――一九五二年（昭二七）七月七日夜、当時の吉田自由党政府の妨害に抗して、戦後初めてソ連・中国を訪問し総額六〇〇億円にのぼる日中貿易協定を締結して帰国した、帆足計（社会党）および宮腰喜助（改進党）両代議士の帰国を歓迎する名古屋集会が市内大須球場（現スケートリンクと西別院）で開かれ約一万名の市民が参加しました。

集会終了後の午后一〇時ごろ、球場内で組まれたデモは、さかんな拍手につつまれて約三千名の隊

列となりました。隊列の中には「日中貿易再開」「朝鮮戦争即時停止」「単独講和反対」などのプラカードが数多くみられました。

デモ隊が球場を出て岩井通りを東方へ約二五〇米、時間にして約五分間行進をしたときデモと平行して進んでいた警察放送車の車内で、突然パッと火の手があがりました。一方、デモ隊は尚も整然と行進を続けました。その間に放送車内の火も消火されました。

そのあと突如、放送車の背後付近から拳銃が発射され、そしてデモの前面にせまっていた警官の大部隊が拳銃を乱射しながら突っ込んできました。岩井通り一帯には、アッという間に約千名の警官隊が殺到し、各所で拳銃が乱射され、六尺棒がふりおろされ、一名が射殺、多数が重軽傷を負わされ、文字通り血の弾圧が加えられたのです。その夜のうちに逮捕されたもの一一七名、それから翌年十一月にかけて四〇〇名余が逮捕され、うち一五〇名が「騒乱罪」で起訴されました。

そして、一審名古屋地裁判決（一九六九年（昭四四）十一月十一日）、二審名古屋高裁判決（一九七五年（昭五〇）三月二七日）はともに、警察・検察の謀略的すじ書き、事実のつくりかえを追認し騒乱罪成立の不当判決を下し、最高裁もまた、一九七八年（昭五三）九月四日、一四点もの新たに提出された証拠を無視して口頭弁論すら開かず上告棄却を決定しました。

デモ行進の自由を守れ、表現の自由を守れの闘いは総評をはじめとする多くの労働組合、民主団体の支援をうけ、北海道から沖縄にいたる全国各地に支援組織がつくられ、実に四半世紀をこえ二八年にも及ぶ大闘争となったのでした。――

検察研究特別資料における大須事件の概要

これは、「部外秘」『大須騒擾事件について―対権力闘争事犯公判手続上の諸問題―』（法務研修所、検察研究特別資料第十四号、昭和二十九年三月）である。そこには、大須事件二年後の一九五四年時点における検察内部データが多数あり、二八一頁にわたる検察側からの大須事件データ分析と第一審公判手続分析が中心になっている。九頁から二六頁の内容は『検察特別資料』の検討である。

メーデー事件の検察側「部外秘」資料は、私が国会図書館で発見して、コピーを入手した。吹田事件の「部外秘」資料については、脇田憲一枚方事件元被告が手にいれ、それを含めた分析をした。元被告酒井博に、大須事件の「部外秘」資料が渡った。この検察側「部外秘」資料を合わせて分析することにより、各事件を立体的に、違う角度の分析も含めて検討することが可能になった。

『検察研究特別資料』における「大須騒擾事件の概要」は、冒頭（一～五頁）にある。つぎにその抜粋を載せる。

午後九時頃、「会場の同志諸君、中日貿易をやらせないのは、アメ公と吉田だ。敵は警察の暴力だ、中署へ行け。敵の正体はアメ公だ、アメリカ村へ行け。武器は石ころだ。憎しみをこめて、敵に力一ぱい投げつけよ。投げたら商店街へ散れ」と印刷したビラが、場内隈なく撒き散らされ、何か異様な迄の興奮を、場内一ぱいに煽り立てていた。

午後九時五十分、こうした空気の中で、両氏の講演が終り、司会者の閉会の辞によって、まさに大会が終了しようとした。その時、一名の名大生が、突然演壇上のマイクを通じて、全聴衆に向い、「この球場を、三千五百の武装警察官が取巻いている。われわれに対する弾圧だ」と絶叫して呼びかけた。更に続いて一人の学生が、壇上に駈け上り、司会者の制止を肯かずにマイクを通じ、「皆さんこれで判っただろう。われわれの敵は警察だ、中署へ行け、アメリカ村へ行け、スクラムを組め、実力には実力をもつて闘おう」と激した口調でアジり出した。この声に応じて、場内は俄かに騒然となり、聴衆中の一部の者達が、手に手に、北鮮旗、赤旗、莚旗、プラカード、竹槍等を持ち、演壇を中心にスクラムを組み始め、たちまちの中に千数百名の一大デモ隊列が出来上ってしまった。

既に前日の六日、ただ名古屋市警では、宮腰、帆足両氏の歓迎デモの際、公務執行妨害容疑で逮捕した一人の被疑者が所持していたレポの内容から、七日の講演会に、多数の火焔瓶が球場内に搬入される計画があるということだけは察知していた。

七日当日、午後六時頃から、万一にも大きな事件の発生することを恐れて、約九百名の警察職員を、球場附近や、その他の場所に待機させて、警戒に当ってはいた。こうした緊張のうちに、球場内で編成された、千数百名からなるデモ隊列は、北鮮旗、莚旗を先頭に、講演帰りの一般聴衆と、折からの夕涼み客で雑踏する岩井通りの南側車道を、喚声をあげながら東進を開始した。街は彼等の、「わっしょ、わっしょ」という喚声に包まれた。

岩井通りと呼ばれるこの通りを、デモ隊が東方へ約三百米位進行したとき、突如その先頭附近から、数十名の者がばらばらと放送車に走り寄って包囲したと見る間に、矢庭に十数個の火焔瓶が、放送車めがけて投げつけられた。数発の火焔瓶が窓硝子を破って車内で爆発した。炎が車内を真赤に照らし出した。続いてデモ隊員の中から、火焔瓶や小石が、無数にその附近に投げつけられた。一瞬、このあたりの道路上では、そこここで、火焔瓶が炎上し、赤黒い炎が夏の夜を染めた。デモ隊員と、警察職員との間に、乱闘が始った。

三、被告一五〇人の分類と検事調書データ（表二、三、四）

大須事件逮捕者は四〇〇人になった。その内、一五〇人が起訴された。表二は警察庁警備局『戦後主要左翼事件・回想』（一九六七年）、表二、三は、名古屋地方裁判所『大須騒擾等被告事件第一審判決』の前文、関根庄一編著『被告』（労働旬報社、一九七八年）、および、酒井博『証言名古屋大須事件』（二〇〇二年）、表四は「部外秘」『検察研究特別資料第一四号』（法務研修所、一九五四年三月）に基づいている。ただ、数値は、データ公表時期によって異なるものも含む。

表二　事件当夜とその後の検挙約四〇〇人と起訴者の分類

	当夜	その後	計	起訴者
日本人	五一人	一一九人	一七〇人	八〇人
朝鮮人	七三人	一五〇人	二二三人	七〇人
計	計一二四人	計二六九人	計三九三人	計一五〇人

デモ隊規模の発表数値は、いろいろある。表二は、警察庁警備局の数字で一〇〇〇人としている。検察研究特別資料は千数百人である。被告・弁護団は、デモ隊三〇〇〇人で、逮捕約四〇〇人と公表している。

第一審判決は、一〇〇〇人乃至一五〇〇人とした。警察は、当然のことながら、武装警官隊以外に、火炎ビン武装デモ隊の現場指揮者の顔確認・証拠写真撮影と参加人数などを数える私服警官七五人を配備していた。よって、その実数は、被告・弁護団公表の三〇〇〇人とかなり異なるが、一〇〇〇人乃至一五〇〇人が妥当といえる。一〇〇〇人以上となれば、警察・検察は、火炎ビン武装デモ隊の四〇%近くを一斉検挙したことになる。

　この大量検挙をした武装警官隊の人数は、警察庁七〇〇人、検察研究特別資料九〇〇人、被告・弁護団一〇〇〇人となっている。警官隊の全員が、拳銃および六尺棒で武装していた。第一審判決は、九五〇人から九九〇人とした。よって、武装警官隊人数は、検察、被告・弁護団、第一審判決でほぼ一致し、九〇〇人以上の約一〇〇〇人である。この文全体では名古屋市警公表の八九〇人とする。

　最初の衝突場所と時間は、名古屋市中区大須・岩井通りで、被告・弁護団は、デモ開始五分後・二五〇メートル地点、検察研究特別資料は三〇〇メートル地点ということで、両者はほぼ一致している。

　警察庁『回想』発表数値（二〇一頁）によれば、在日朝鮮人の検挙比率がきわめて高く、全体の五七%を占める。

表三　被告一五〇人の事件当時の年齢構成

第一審	一〇代	二〇代	三〇代	四〇代	不明	計	懲役	懲役・実刑
日本人	二三	四五	五	一	六	八〇	二九	三
朝鮮人	二七	三六	三	四	〇	七〇	二六	二

計	五〇	八一	八	五	六	一五〇	五五	五
上告朝鮮人	二三	三二	五	三		六三		二

在日朝鮮統一民主戦線（略称、民戦）に結集していた北朝鮮系在日朝鮮人の大量参加と大量逮捕は、一九五二年五月一日メーデー事件、六月二五日吹田・枚方事件、七月七日大須事件の大きな特徴である。（表三）の数値は、名古屋地方裁判所『大須騒擾等被告事件第一審判決』の前文における被告人名簿・年齢をピックアップして、数えたものである。ただ、「計」の数値は、関根庄一『被告』（二〇六頁）に一致させた。

スターリン・毛沢東・金日成らは、朝鮮戦争を、マッカーサーと韓国軍事政権が先に仕掛けた侵略戦争と虚偽の宣伝をしていた。一〇、二〇代の日本人青年と朝鮮人青年たちは、日本の全左翼とともに、その宣伝を信じていた。彼らは、火炎ビン武装デモを、朝鮮戦争反対行動として支持した。それは、中日本ビューロー員・党中央軍事委員岩林虎之助の命令によるものだった。共産党中央軍事委員長志田重男は、東京・大阪に続いて、名古屋市においてそれを遂行させるために彼を派遣していた。

以下は、元被告酒井博の証言である。当時五四歳の岩林虎之助は、三三歳の名古屋市ビューロー・キャップ永田末男と、三四歳の名古屋市軍事委員長芝野一三を「東京・大阪でやったのに、なぜ名古屋でやらんのか」と激しく叱責した。彼らは、火炎ビン武装デモ決行を迫られ、下記のように緻密な計画と準備を行なった。党中央軍事委員会は、六月二五日東京で火炎ビン五〇本使用の新宿事件を起し、六月二四・二五日大阪で火炎ビン数十本使用の吹田事件を行なった。岩林が志田から受けた密命・任務は、七月七日名古屋市で大規模な火炎ビン武装デモを成功させることだった。

ただ、岩林虎之助は、大須事件後、ただちに東京に逃げ帰った。彼に叱責され、火炎ビン武装デモ決行を命令された永田末男、芝野一三と、名古屋市のアジトに彼を滞在させていた当時四九歳の共産党員桜井紀弁護士ら三人しか、彼の名古屋市派遣・滞在の事実を知らなかった。永田・芝野・桜井の三人は、その秘密を厳守し、五四歳の日本共産党中央軍事委員が大須事件党中央首謀者・火炎ビン武装デモ命令者として逮捕されることから守り抜いた。

表四　首謀者グループ四七人と証拠申請した検事調書

首謀者グループ	分類	証拠申請の検事調書	公判証人申請
首魁被告人	一〇人	三人　一八通	首謀者グループ三人 他被告人二六人
指揮被告人	一七人	六人　三九通	
助勢被告人	二〇人	四人　四一通	
計	四七人	一三人　九八通	

表四のデータの資料は二つある。首謀者グループの分類数値は、警察庁『回想』（二〇一頁）にある。証拠申請の検事調書数、および、公判証人数は、『検察研究特別資料』（二三一頁）のものである。大須事件被告人は一五〇人と多いので、名古屋地裁の法廷に一度に入りきらない。そこで、検察、裁判所、被告・弁護団は、四グループ順転式公判にすることで合意した。となると、首謀者グループ公判において、その一三人・九八通の検事調書によって、事件の全容がほぼ解明できることになった。

なお、首謀者、指揮、助勢という用語による被告人の区別は、刑法用語である。検察は、その全体を首謀者グループとし、刑法の首謀者を首魁と名付けた。

刑法第一〇六条・騒擾の罪

多数で集合して暴行又は脅迫をした者は騒擾の罪として、次の区別に従って処断する。
(一) 首謀者は一年以上十年以下の懲役又は禁錮に処する。
(二) 他人を指揮し又は他人に率先して勢いを助けた者は六月以上七年以下の懲役又は禁錮に処する。
(三) 付和随行した者は十万円以下の罰金に処する。

『検察研究特別資料』が記述している具体的データは、大須事件冒頭陳述書中の「第二、計画・指令・準備」に関する部分（一七〇～二二九頁）という五九頁に絞られている。検察側が、騒擾罪を適用させる上で、いかに、共産党名古屋市軍事委員会による火炎ビン武装デモの事前計画・指令・準備の立証を最重点にしたかが分かる。

四、火炎ビン武装デモの計画と準備

火炎ビン武装闘争路線における大須・火炎ビン武装デモの位置づけ

一九五一年四月、スターリンは、宮本顕治ら反徳田の国際派五派を「分派」と裁定した。彼は、いつまでも分裂争いを続け、朝鮮侵略戦争支援の武装闘争に決起しない隷属下日本共産党にいらだっていたからである。一九五一年一一月一六日共産党五全協開催前までに、宮本顕治の「新綱領を認める」というスターリンに屈服した自己批判書を始め、国際派五分派指導者全員が党中央軍事委員長志田重男に自己批判書を提出し、主流派に復帰した。新綱領とは、スターリンが自ら執筆し、朝鮮侵略戦争開始一〇カ月後に当って、日本共産党に武装闘争路線に即時転換することを命令した五一年綱領のことである。

宮本顕治らの屈服により、日本共産党は、徳田・野坂・志田らの主流派によって組織統一回復をしたというのが党史の真実である。統一回復共産党は、全党挙げて、一九五二年度から武装闘争路線・方針を実践した。一九五二年度の四事件と裁判の概要は、冒頭の表一の通りである。スターリン裁定で統一回復をした隷従下日本共産党が行なった武装闘争路線・実践の本質は、スターリン・毛沢東らの国際的命令による朝鮮侵略戦争の、後方基地武力かく乱戦争行動だった。宮本顕治も復帰した主流派・日本共産党は、ここにおいて、党史上初めて、侵略戦争参戦政党となった。

三大騒擾事件とは、一九五二年五月一日メーデー事件、六月二四・二五日吹田・枚方事件、七月七日大須事件という五月・六月・七月と三カ月間連続発生した事件のことである。メーデー事件では、火炎ビン使用がなかった。火炎ビン大量使用武装闘争は五月末から始まった。一、五月三〇日新宿駅事件二〇本、二、六月二五日吹田事件数十本、三、六月二五日新宿駅事件五〇本、四、七月七日大須事件二〇本以上である。ただ、一、三、は騒擾罪裁判になっていない。

大須事件は、五月以降における連続事件の五番目、火炎ビン大量使用武装闘争の四番目だった。東京二件・大阪一件に続く、中部地方中心都市の名古屋における初めての火炎ビン武装デモ事件だった。党中央軍事委員長志田重男は、各暴力革命拠点に党中央軍事委員を派遣し、武装闘争を決行させた。判明している党中央軍事委員は、北海道・東北に吉田四郎、東京に浜武司・沼田秀郷、大阪は村上弘、中日本・名古屋が岩林虎之助である。党中央命令がないのに、各地方の軍事委員会が、白鳥事件・メーデー事件・吹田事件・大須事件を独自に決行することなどはありえないことだ。

大須事件発生を受けて、名古屋市警・名古屋地検は、火炎ビン武装デモ隊一〇〇〇人から一五〇〇人中、四〇〇人を検挙した。事件捜査において、警察・検察が、騒乱罪適用をする上で、重点としたテーマは、一、大須・岩井通り現場における騒乱状況の立証だけでなく、二、共産党による事前の火炎ビン武装デモの計画と準備を全面的に解明することだった。『検察研究特別資料』をみると、警察・検察は、むしろ、二の計画と準備状況の立証を、騒乱罪適用に持ち込む上での最大の力点にしたと判断できる。その組織系列と事実経過とを完璧に立証できれば、大須事件公判において、裁判官の心証を騒乱罪成立に傾け得ると読み込んだ。

火炎ビン武装デモ隊の組織と指令・準備系統

そこで、以下、『検察研究特別資料』における共産党による事前の火炎ビン武装デモの計画と準備状況を立証した内容を検討する。そこでは、すべてに、首謀者グループの検事調書に基づく個人名を記載している。

計画の発端

——昭和二十七年五月十七日夕刻名古屋市中区所在金山体育館において約二万の聴衆を集め、大山郁夫等の世界平和講演会が開催されたが、同講演会に集った聴衆の熱狂的雰囲気から判断して大衆は日本共産党を支持し、その計画する軍事行為に同調し、その行動を共にするであろうという判断の下に、爾来かれら軍事委員の間では、何等かの機会に共産党が中心となって、大衆を武装化して軍事行動を起すことにより名古屋市における共産主義革命の第一頁を開こうとすることが考えられて来た（一七七頁）。——

表五　火炎ビン武装デモ隊の組織と指令・準備系統

上級機関	中間機関	下部組織	特徴
名古屋市委員会 市軍事委員会 当日の指揮系統	一、地域別ブロック	Bブロック	B—北、東、中、千種区の一〇細胞 名電報細胞—軍事担当、被告一二人
		A、Cブロック	A—西、中村区、C—港、南、熱田区
	二、市（V）直轄細胞	名大学生細胞	市軍事委員一人、被告九人、デモ先頭部隊
	三、団体別組織	朝鮮人諸団体 日本民主青年団	祖国防衛委員会、各地区、民愛青、他 明和高校民青班他—ピケ隊、警察配置体制の情報収集と報告

ある匿名の証言者によれば、党中央軍事委員会は、メーデー事件直後にもかかわらず、なぜ三万人もの大集会後に、無届デモを決行しなかったのか、市軍事委員会はやる気があるのかと、厳しい叱責を共産党名古屋市ビューローに浴びせた。私は、それが、中日本ビューロー員・党中央軍事委員岩林虎之助と名古

屋市ビューロー・キャップ永田末男との関係で起きたことと推測する。この時点から、すでに、党中央軍事委員会は、名古屋市における大規模な火炎ビン武装デモを計画せよという指令を出していたと思われる。北海道（白鳥警部射殺）→東京（メーデー事件）→東京新宿駅二件→大阪→名古屋という朝鮮侵略戦争の後方基地武力かく乱戦争行動の連鎖的総決起の一環としての全国的計画の中に、名古屋の火炎ビン武装デモの予定が組み込まれていたと言えよう。

名古屋市上級機関

一、名古屋市委員会（V＝市ビューロー）は、キャップ永田末男、総務加藤和夫、他三人で構成され、軍事委員会（Y）とともに、革命運動としての武装行動を計画し、実行する（二二〇頁）。

二、名古屋市軍事委員会（Y）は、キャップ芝野一三、名古屋大学学生細胞軍事担当兵藤（渡辺）鉱二、清水清、朝鮮人祖国防衛委員会名古屋市キャップ金泰杏の四人で構成されていた（一七七頁）。

軍事委員会の会議三回と方針決定

六月二八日、第一回。帆足・宮腰帰国歓迎集会がある。集会後デモ行進をする。デモに際して軍事行動を行なうことを決定した。

七月二日、第二回。大須球場で、歓迎報告大会が七月七日に開かれる。大会後デモ形式による警察とアメリカ帝国主義にたいする抗議と攻撃を行なう。攻撃目標は名古屋市中警察署と米駐留軍宿舎アメリカ村とする。攻撃武器として火焔瓶、手榴弾を持たせる。その材料は軍事委員で供給するなどを決定した。その決定を全下部組織に連絡することと連絡担当・方法も決めた（一七八頁）。

七月五日、第三回。名古屋市委員会傘下の各ブロック・細胞の軍事代表者による隊長会議を開いた。七月七日夜における軍事行動の最終的決定事項は次であった。

イ、攻撃目標を中署及びその付近にあるアメリカ村とする。このような攻撃的軍事行動に果して大衆がついて来るかどうかの問題については、既に東京メーデーに見られた如く武装行動の思想は大衆の間に浸透しているから、指示すれば大衆は武装行動に出るという意見になった。

ロ、武器としては火焔瓶と手榴弾、それに出来るだけ多くのプラカード、竹槍を携行して行き、これを使用する。

ハ、敵の力を分散する陽動作戦として他の派出所等を別働隊でもって攻撃することとし、これは朝鮮人側で受け持ちその具体的方法は一任する。

ニ、警察側の警戒に対する見張り、即ちピケの位置は中署の東西と北の各道路に配置する。

ホ、デモ隊の順序は学生が先頭で隊列を誘導し、その後に朝鮮人、自労、一般の順序とし学生、朝鮮人、自労の各団体が中心となって会場内を旋回してデモ行進し出来るだけ一般聴衆をデモ隊列に参加させる。

ヘ、デモ隊の攻撃経路は大須電停から本町通りを北上し、中郵便局を右折して中署へ行く、郵便局の十字路でデモ隊の支隊はアメリカ村へ行く、そして何れも火焔瓶、手榴弾を投擲して攻撃する。

ト、攻撃を終ったデモ隊は、そのまま後退して大須の繁華街の人ごみの中に逃げ込む。

チ、大須球場の三塁側スタンドの上に北鮮旗を立てて、そこにY部の中心を置き情勢の把握と連絡に当てる。

以上のような事が決定されそれぞれ下部細胞の組織等に連絡指令されることとなって、午後六時頃散会した（一八〇頁）。

地域別ブロックにおける具体化と準備

名古屋市の共産党組織は、A、B、Cブロックに分かれていた。大須事件では、Bブロック一〇細胞が中心で、なかでも、名古屋電報局細胞が強大で、共産党員八人、シンパ五人だった。

名電報細胞のLC（指導部員）は三人で、キャップ片山博、多田重則、石川忠夫だった。軍事担当（Y部）が山田順造だった。他部でも述べるが、火炎ビン武装デモ指令メモ七枚中の一通（玉置鎰夫宛）が、前日の七月六日、警察に渡った。

七月四日、五日の隊長会議前、市軍事委員兵藤鉱二は、山田順造に、市軍事委員会の次のような指令を与え、これを電報細胞員に伝えることを命じた。
イ、帆足、宮腰講演会の政治的意義に関連し、中日貿易は日共を中心とする労働者が武器を持って闘うことによってのみかちとられるものであること。
ロ、従って、この集会には労働者がヘゲモニーをとる必要があること。
ハ、この集会には全部で二千個の火焔瓶が参加者によって持ち込まれるが、電報細胞員及びその同調者はそれぞれ一個の火焔瓶を持って参加すること。
ニ、瓶とガソリンは各自準備すべきだが、他の薬品は軍事部から無料で供給する、又その製造方法も教える。

ホ、中核自衛隊は更に高度の武器を持って参加する予定である。

山田順造はこの指令に基づき「七月七日の帆足、宮腰集会における各人の任務について」と題する電報用紙を利用したレポ七枚を作成し、それぞれアルファベットの略号を表記して片山博始め電報細胞員に兵藤の指令内容をそのまま伝達した。

この七枚のレポのうちY部RからAに宛てたもの、即ち軍事担当山田から玉置に宛てたレポが、七月六日逮捕された十二名中の一名である玉置の所持していたもので、前記の如く七月七日における警察当局の警備の発端を為したものである（一八四頁）。

七月四日、Bブロックの緊急細胞代表者会議が開かれ、一〇細胞中七細胞一一人が参加した。市V政治オルグ岩間良雄、市軍事委員清水清が、名電報細胞と同じ内容の指令を与えた（一八五頁）。A、C各ブロックにおいても、同様の指令と準備を行なった。

朝鮮人諸団体における計画、指令、準備

愛知県祖防委員会の委員長は、関南採、他三人である。名古屋市祖防委員会のキャップは、金泰杏であるが、同人は共産党名古屋市軍事委員を兼ねている（二〇〇頁）。

七月五日、祖防委員の会合で、大会当夜の武装行動に関する打ち合わせを行なった。出席者は、県祖防委キャップ関南採、市祖防委キャップ金泰杏、他五人が参加した。会議は、隊長会議に出席し、共産党名古屋市軍事委員として、日共武装行動の具体的方法を決定してきた金泰杏の報告に基づいて行なわれ、当

夜における朝鮮人側の武装行動が討議決定された。

表六　検挙数・被告数・懲役刑数における朝鮮人の比率

	検挙数	被告数	懲役刑数	実刑者数	検察頁数
全体数	三九三	一五〇	五五	五	五二
朝鮮人数	二一三	七〇	二六	二	二三
朝鮮人比率	五七％	四七％	四七％	四〇％	四四％

検察頁数とは、『部外秘』資料における言及頁数とその比率である。

五、火炎ビン製造目標と製造講習会、製造本数

火炎ビン製造方針と目標二〇〇〇本

七月二日、市軍事委員会は、相手方の抵抗にたいする攻撃武器として火焔瓶、手榴弾を持たせる。その材料は軍事委員で供給するなどを決定した。その決定を全下部組織に連絡することと連絡担当・方法も決めた。（一七八頁）。

火焔瓶の性質と機能

これ等会合に際して問題にされている火焔瓶とは、薬瓶その他種々の瓶の中にガソリン及び濃硫酸を約

三対一の割合に充填し、その口栓を蝋等で密封した上、瓶外部には塩素酸カリの粉末を散布した紙片を糊付けして作製するもので、これを目標物に向って投擲すれば、その瓶の破裂と同時に、濃硫酸と塩素酸カリとの化学反応及び可燃物たるガソリンの存在により瞬時に爆発延焼の作用を呈するもので、本事件に現われた火焔瓶はすべて右と同一の組成と作用とを有していたものであった（一八一頁）。

火炎ビン製造と製造本数

七月六日、共産党名古屋市委員会Bブロックは、火焔瓶四〇個を製造した。

七月六日午前九時過ぎ頃、三浦義治は、権龍河と共に丸山方に赴き、濃硫酸を一升瓶に四本、ビール瓶に一本及び塩素酸カリを受領し、中区東陽町八丁目四番地の三浦寿美子方にこれを運搬した上、ガソリン、パラフィン等を買い整え、アルコールの空瓶等を利用して、火焔瓶約四十個を製造し、これを三浦約十一個、権龍河約三十個に分配した。そしてこの製造中、三浦方に薬品をとりに来た前記金入三郎及び山田順造に、それぞれ自己が丸山方から受け取って来た濃硫酸及び塩素酸カリを分ち与えた（一八九頁）。

――筆者注　目標本数二〇〇〇本の実数は、次である。――

表七　火炎ビン製造講習会と製造個数

方針	月日	製造講習会	月日	製造個数	出典頁
市V方針 二〇〇〇個	七月五日	Bブロック六細胞	七月六日	四〇個	一八九
	七月五日	名電報細胞	七月六日	三五個位	一九一

七月五日	日本民主青年団	七月六日	二〇数個	一九七
五月、六月	朝鮮人市祖防委	七月六、七日	約四〇個	二一一
五月頃	県祖防委西三地区	七月六日	二〇数個	二一三
計			約一五五個	

七月六日、Bブロック名電報細胞LC会議は、その場で、火焔瓶三五個位を製造した。この間、同日昼すぎ頃前記の如く、山田は三浦寿美子方に行き濃硫酸、塩素酸カリを受領して来た。またその頃、石川はガソリン、パラフィン、土瓶等の材料を購入してきた。空瓶として使用されたのは、前日五日の夕刻石川が昭和区川名町六丁目一番地に、友人吉田三治を訪れて買ってきたウイスキー小瓶、薬瓶等四、五本、また七月六日夕刻石川が購入してきたレモン水の瓶四十本位、更に同月夕刻吉田が持参したペニシリン瓶十本位であった。

結局、同日午後十一時半頃までの間に、ウイスキー小瓶四、五本位、薬瓶一本、ペニシリン瓶十本位、レモン水瓶二十本位、合計三十五個位の火焔瓶を製造したのである。実際製造行為に当ったのは午前の会議に出席していた者のうち石川、片山、山田と同日夕刻、石川方に来た岩月清、伊藤弘訓、吉田三治の合計六名であった（一九一頁）。

七月六日、日本民主青年団は、火焔瓶約二〇数個を製造した。

手榴弾については、別途、製造を試みたが、失敗した。

六、私の名古屋市民青専従・共産党専従体験一五年間による検証

名古屋市での大学生時代と労働運動時代

私は一九五五年から五九年まで大学四年間、大須事件現場を通る市電で毎日通学した。大須球場—上前津—鶴舞公園ルートは、名古屋市でもっとも古本屋が集っていて、それらの古本屋めぐりを数十回やり、名古屋市中区の地理は、熟知している。その地理認識から、火炎ビン武装デモ隊が、市電軌道を越えたかどうかが、騒乱状況認否の一つのポイントになると考えている。大須事件資料・写真を見るかぎり、デモ隊は、一度も市電軌道を北側に越えず、軌道の南側を行進している。この検討は第三部で行なう。また、『検察資料』は、名古屋大学学生細胞が、昭和区名大㘅鳴寮で火炎ビン武装デモの計画・準備会議をしたとしている。私は経済学部二年間、共産党入党前だったが、その㘅鳴寮の一室に、毎日のように「赤旗」を取りにいっていた。赤旗ポストになっていた部屋に入っていくと、ときどき、私の友人党員たちが、そこで細胞会議をやっていたのに出くわした。共産党専従時代に、私は、移転した㘅鳴寮の一室の細胞会議に出席して、何度も、赤旗拡大方針の指令・具体化と拡大成果追求の指導をした。その記憶シーンからも、『検察資料』の名大細胞記述内容は、事実だと判断する。

一九五九年、大学卒業後、名古屋市中区ビル内の日産火災海上保険名古屋支店に入社した。真南へ一〇分も歩くと、大須球場がある。入社してまもなく、全損保労働組合分会役員・東海地方協議会役員・愛労評幹事をやり、労働運動に熱中した。

B・Aブロックでの共産党専従時代

二七歳から四〇歳までの一三年間、共産党地区常任委員、愛知県選対部員として活動した。そこで、初めて、大須事件の被告人たちと知り合った。彼らは、共産党専従、大衆団体専従、職場・地域の細胞長をしていた。大須事件裁判は、刑事裁判史上最長の二六年間に及び、一九五二年から一九七八年までかかった。私の共産党専従時代は、一九六四年から一九七七年で、大須事件裁判に重なっていた。

共産党名古屋中部北部地区委員会（中北地区）は、愛知県党勢力の半分を占め、専従五二人を抱える巨大な地区党組織だった。そこで、名古屋市一〇行政区を範囲とする単一地区を五ブロックに分割した。ブロックとは、地区補助機関だが、事実上の地区機関の機能を持っていた。私は、五つのブロック責任者をすべてやったが、それは現在で地区委員会に昇格したので、私は五つの地区委員長をやったことになる。

これらの民青専従・共産党専従体験から、『検察研究特別資料』を検証すると、表五の火炎ビン武装デモ隊の組織と指令・準備系統と指令具体化状況は、きわめて正確である。私は『検察資料』に出てくる細胞名、民青班名のほとんどを知っているし、現に大須事件裁判期間中にそれらを担当していた。

七、『検察研究特別資料』の信憑性検証の結論

警察調書と検事調書は、被告人を長期の未決勾留にした上で作られた。警察署勾留中に、さまざまな脅迫・拷問があったことは、被告人証言によって明らかである。問題は、火炎ビン武装デモ計画・準備に関する検事調書内容の信憑性である。そのテーマに関して完全黙秘を貫いた被告人も数人いる。『検察資料』

も認めているように、大部分は、一定期間黙秘した後、他被告人が供述した警察調書を目の前にちらつかされて、供述を始めた。そもそも、長期にわたる独房・未決勾留それ自体が、精神的拷問である。

その警察・検事調書内容の信憑性を検討するには、二つのケース分類とその前提が必要である。前提とは、朝鮮人被告は不明だが、上記『検察資料』が書いた計画・準備状況に出てくる日本人被告は、ほぼ全員が共産党員だった。共産党シンパと共産党員でない民青団員も出てくるが、それはごく一部である。

第一ケース　計画・準備に関して、ありもしないウソを、警察の脅迫・拷問によって言わされ、警察調書をとられた。一旦、警察に事実無根の自白をした以上、早く保釈されたいために、検事調書でも、同じ供述をした。

第二ケース　他被告人が警察で供述を始めたので、やむなく黙秘をやめて、警察調書に応じた。しかし、朝鮮戦争反対、日中貿易促進などのデモ行進スローガンは正しい。日本共産党の武装闘争路線は正当であり、東京二件・大阪一件に続く第四番目として、名古屋大須・岩井通りでの火炎ビン武装デモの計画・準備をしたのも正しく、なんらやましいものではない。大須事件は、名古屋市警の先制攻撃と弾圧によるものであり、火炎ビン武装デモの計画・準備はたしかに存在したが、大須・岩井通りにおける騒乱罪でっち上げは無罪であるとして、大須事件裁判闘争を行なう。よって、火炎ビン武装デモの計画・準備については、警察・検察に歪められないように、間違った他被告供述を正し、事実をありのままに正確にした警察調書・検事調書を書かせる必要がある。その対応は、警察・検察にたいする屈服ではなく、共産党にたいする裏切りでもない。

私の上記体験が時期的にずれがあるとしても、私が長期に体験した共産党員多数の資質から、計画・準備に関与した共産党員被告人の実態を判断する。

第一ケースのように事実無根の計画・準備内容を自白した党員がいるとは、考えられない。もし、あったとしても、ごく一部であろう。また、この計画・準備段階において、警察スパイだったという共産党員被告人はいない。

第二ケースの共産党員が圧倒的だったと、私は判断する。荒唐無稽なレベルの計画・準備内容などは書かれていない。よって、私は、上記『検察資料』で分析された火炎ビン武装デモの計画・基本方針、ブロック・細胞段階における方針の具体化、火炎ビンの製造講習会・製造本数は、基本的に真実だったと考える。彼らの大部分は、計画・準備を事実だったと認めた上で、騒乱罪でっち上げの謀略とたたかい、騒乱罪無罪を主張しようとしたのではないか。

被告人・永田末男の第一審公判における『大須事件にたいする最終意見陳述八・九』がある。彼は、武装闘争路線に関する共産党中央委員会批判、とくに宮本・野坂批判を行っただけではない。彼は、「八」において、日本共産党名古屋市委員長の立場から、やったことといえば、せいぜい抗議のデモ行進を行い、予想される官憲の弾圧には、貧弱な火炎ビンをもって身を守るという程度のことにすぎなかった。まことにささやかな抵抗行動であった、と陳述し、騒乱罪無罪を主張した。大須事件の共産党最高指導者が、明白に、共産党による火炎瓶武装デモの計画と準備があったことは公判において認めた。

第二部　警察・検察による騒擾罪でっち上げの計画と準備

はじめに――大須事件と騒擾罪裁判発生前の内外情勢

大須事件など一九五二年度の武装闘争がなぜ連続発生したのか。警察・検察による騒擾罪でっち上げの謀略はなぜ起きたのか。その原因・背景となる内外情勢を三つの流れとして簡潔に確認する。

第一、アメリカ・日本政府によるサンフランシスコ講和条約をめざす動きである。一九五一年一月、アメリカから講和特使ダレスが来日した。八月講和条約草案の発表、九月サンフランシスコで「平和」条約・日米安全保障条約調印、一〇月〜一一月衆・参院でその批准案を承認した。一九五二年四月二八日、それらの条約が発効した。その動きと平行して、何回も公職追放解除がなされた。政府にとって、発効＝独立に伴う最大の問題の一つが国内の治安対策だった。吉田内閣は、発効前の四月一七日、破壊活動防止法案を国会に提出した。警察・検察は、武装闘争共産党を始めとする社会党・労働運動を弾圧する体制を飛躍的に高めつつあった。

第二、国民の側における全面講和要求運動と破防法反対闘争の盛り上がりがある。全面講和要求では、政党・労組・他団体が全国協議会を結成し、学者・文化人も加わり、四八〇万人署名を集めた。破防法反対では、治安維持法の再現との批判から、労働組合が中心となり、三波にわたり、のべ数百万人が参加した大規模なストライキで抗議した。その周囲に、社会党左派・労農党・共産党や、言論界・文化団体・知識人が結集した。全国各大学教授・学生も決起し、名実ともに全国民的な規模で展開された巨大な運動となった。

第三、朝鮮戦争は、開戦一〇カ月後の一九五一年四月頃、すでに三八度線付近で戦線膠着状態に陥っていた。スターリン・毛沢東・金日成らは、アメリカ軍が介入しないとの大誤算に基づいて、朝鮮侵略戦争を開始した。一時は釜山近郊以外のすべてを占領したが、アメリカ・国連軍の仁川上陸で敗走した。中国人民志願軍一〇〇万人の参戦で盛り返したが、開戦二年目の一九五二年度も、三八度線付近における一進一退の攻防だった。そこで、彼ら三人は、ソ中両党隷従の日本共産党にたいする圧力・命令を強化した。朝鮮人党員が約三分の一を占める日本共産党にたいする国際的命令は次の三方面から来た。

一、スターリン・毛沢東は、膠着を打開する戦争作戦の一つとして、日本という後方兵站補給基地の武力かく乱戦争行動を激発させることを構想し、命令した。二、金日成は、在日朝鮮人の民戦・祖国防衛委員会・祖防隊に、「正義の朝鮮戦争支援」のため、日本全土において祖国防衛戦争の総決起をせよと指令した。三、北京機関の徳田・野坂・伊藤律らも、日本にいる志田重男ら党中央軍事委員会に同じ指令を発し続けた。北京機関とは、あらゆる資金・建物・要員を中国共産党に提供してもらっていた一〇〇％中国共産党依存症の、かつ、中国共産党隷従のかいらい組織だった。これらの国際的命令と圧力増大との関連で、一九五二年度の武装闘争と大須事件を位置づけると何が見えてくるのか。

一、共産党にたいする警察・検察のでっち上げ謀略事件例

共産党の朝鮮戦争反対やその他のスローガンと運動は当然で正しかった。しかし、その目的のために、共産党が採った手段である武装闘争実践は誤りだった。それは、一九五五年七月、六全協が自ら認めたように、極左冒険主義イデオロギーによって全国的に展開された運動だった。その本質は、朝鮮戦争の後方

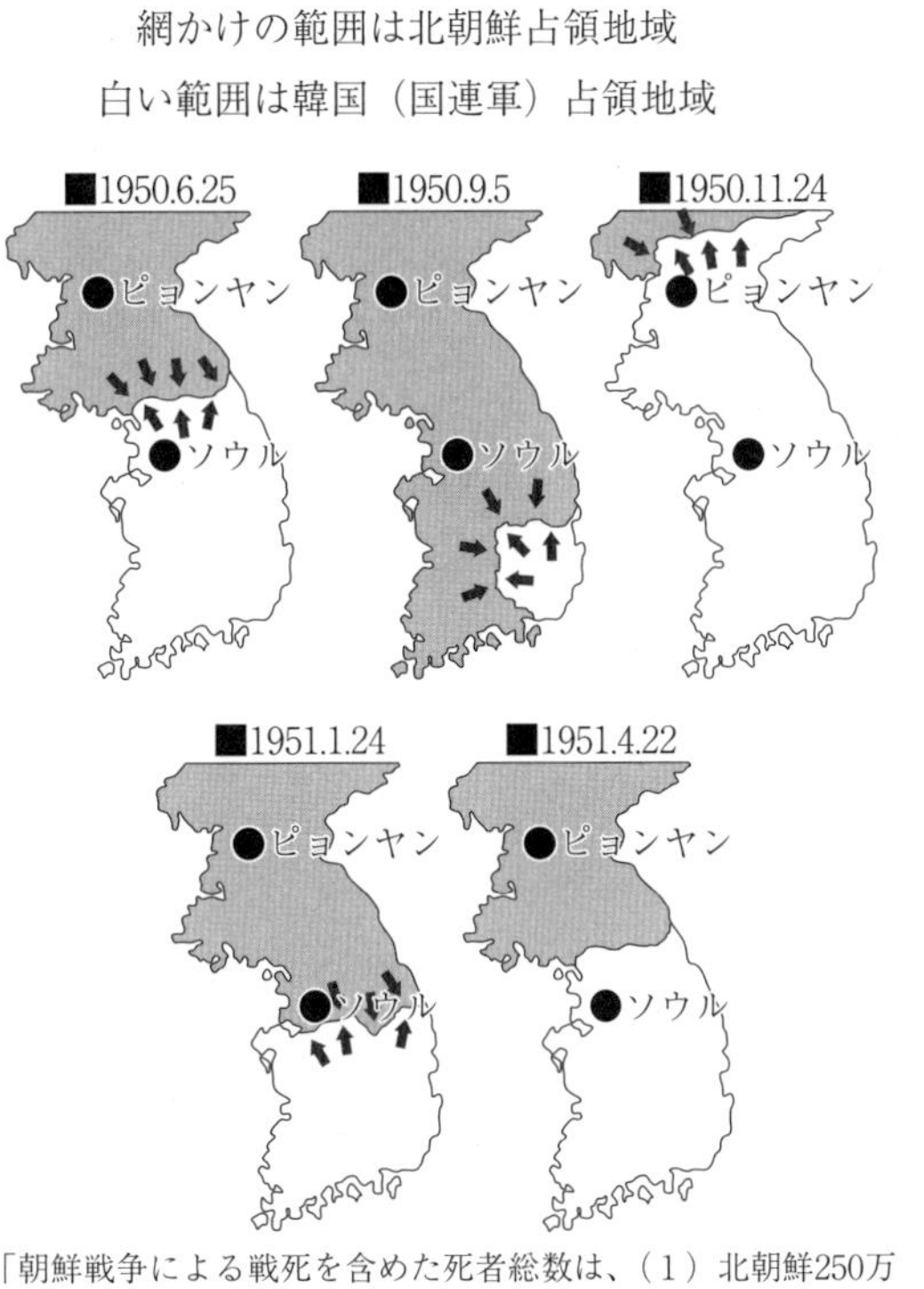

「朝鮮戦争による戦死を含めた死者総数は、（1）北朝鮮250万人、（2）中国志願軍100万人、（3）韓国150万人、（4）米軍5万人にのぼった。戦争により南北に引き裂かれた離散家族は1000万人以上、当時の朝鮮半島人口の4分の1になった。内訳は、韓国676万人、北朝鮮300万人である」（『現代韓国・朝鮮、岩波小事典』No.791）。

兵站補給基地武力撹乱という侵略戦争参戦の犯罪行為だった。もっとも、日本共産党は、抽象的なイデオロギー上の誤りを認めただけで、今日に至るも、その本質に関しては沈黙し、武装闘争の実態を隠蔽している。当時、ソ中両党にたいする全面隷従関係下にあった党中央軍事委員会は、スターリン・毛沢東命令を遂行する目的のために、手段を選ばなかった。一方、警察・検察も、それを全面鎮圧する目的のためには、手段を選ばなかった。一九五二年度、共産党員たちは暴力革命路線・方針を信仰していた。それと同じく、一九五二年度における全国の警察官・検察官たちは共産党にたいする謀略使用の鎮圧作戦を採ることも治安確立上の正義として信じていた。一九五二年度こそ、共産党の武装闘争思想・実践と、それにたいする警察・検察側の謀略使用思想・鎮圧作戦とが激突した時期だった。

表八　一九五二年度全国の警察・検察によるでっち上げ謀略事件例

月日	事件名	起訴	判決	概要
一・二一	白鳥事件	三人	村上懲役二〇年、二人懲役三年執行猶予	札幌市共産党による白鳥警部射殺。逮捕五五人。実行犯ら一〇人中国逃亡。村上と軍事委員七人の共同謀議存在。七人は共同謀議を自供。幌見峠の二発の弾丸を警察・検察が事件後にでっち上げ謀略
二・一九	青梅事件	一〇人	無罪	青梅線列車妨害と貨車四輌自然流出事故。共産党の犯行とでっち上げて逮捕
二・二〇	東大ポポロ事件	二人	有罪	東大構内のポポロ座公演に巡査三人が潜入。学生が二人に暴行。

四・三〇	辰野事件	一三人	一審有罪、二審無罪	長野県辰野町の警察署・交番五個所を、警察自身が火炎ビン・ダイナマイトで爆破。解雇反対闘争中の共産党員がやったとでっち上げ一三人を逮捕
五・一	メーデー事件	二五三人	一審有罪、二審無罪	共産党の人民広場突入軍事方針と実行の事実。警察は馬場先門で阻止せず、道を開けた。謀略的に広場に引き入れておいてから「違法な先制襲撃」。死亡二、重軽傷一五〇〇人以上。警官重軽傷八三二人。騒擾事件とでっち上げ
五・八	第二早大事件	起訴なし	（喧嘩両成敗的妥結）	私服巡査二人が、メーデー事件容疑者を調べる目的で構内に入った。学生が一人を軟禁した。警視庁は不法監禁だとでっち上げて学内に五〇〇人突入。逮捕二六人。学生の重軽傷者一〇〇余人、警官負傷者なし
六・二	菅生事件	五人	一審有罪、二審無罪	大分県菅生村で市木（警察官戸高高徳）が共産党員二人にカンパを渡すと駐在所付近に呼び出した。直後に何者かが駐在所を爆破した。戸高高徳は上司命令でダイナマイトを運んだことを認めた。一〇〇％でっち上げ事件
六・二五	吹田事件	一一一人	一審有罪一五人、二審無罪	デモ隊一五〇〇人にたいして、警官事前動員配置三〇七〇人。警察輸送車でデモ隊脇を追越し、火炎ビンを投げさせる挑発行動。デモ終了後の流れ解散時点の吹田駅車輌内、大阪駅構内で警官隊がピストル乱射。重軽傷一一人、警官重軽傷四一人。騒擾事件とでっち上げ
七・二九	芦別事件		無罪	北海道芦別市において、鉄道爆破が発生。共産党がやったとでっち上げ、逮捕

この表八から判明することは何か。一九五二年度の警察・検察は、武装闘争共産党を壊滅させ、独立日本の治安を確立する目的のためには、共産党にたいする事前・事後のでっち上げ謀略作戦という犯罪手段を全国的に、平然と遂行したことである。一九五二年度の政治システムにおいて、正義・真理と信仰する目的のためなら手段を選ばないというのは、左右二勢力の日常的倫理になっていたのか。

二、警察・検察による騒擾罪でっち上げ謀略と広小路事件

でっち上げ謀略における大須事件の位置づけ

一九四九年は、下山事件、三鷹事件、松川事件が三連続で発生し、謀略の夏とも言われた。一九五二年度は、共産党にとっても、国家権力と警察・検察にとっても、重大な転換点であり、両者による全面対決の年となった。その武装闘争共産党に対抗して、表八のように、警察・検察が多くのでっち上げ謀略事件を仕組んだのは事実だった。

検察庁・警察庁は、大須事件の火炎ビン武装デモ計画・準備をどう位置づけたのか。統一回復をした五全協共産党が全国的に武装闘争を実行していた中で、大都市における本格的な武装闘争実践が起きていないのは、名古屋だけだった。

大須事件は、共産党にたいする警察・検察の全国的なでっち上げ謀略事件の九番目である。

白鳥事件・メーデー事件・吹田事件・大須事件はいずれも大事件だった。大須事件は、先行した共産党の武装闘争計画・準備、または実行に対抗して、警察・検察が仕組んだ四番目のでっち上げ謀略である。

検察庁・警察庁は、東京・メーデー事件、大阪・吹田事件に次ぐ、三番目の騒擾罪適用を名古屋・大須事件で企んだ。三つの騒擾罪裁判を一九五二年度から同時並列的に起こし、マスコミを利用して、大々的な共産党攻撃と宣伝を展開した。それらの謀略は、武装闘争共産党の衆議院三五議席を〇議席にまで壊滅させる上で絶大な効果を挙げた。

広小路事件の位置づけ　一九五二年七月六日、大須事件前日

これは、『大須事件の真実、写真が語る歴史への証言』（大須事件被告・弁護団、一九八〇年七月七日）の記事と写真に基づいている。事件概要は次のとおりである。

名古屋には大須事件にさきだつ前日の、七月六日、大須事件と深いかかわりをもつもう一つの事件があった。日本人としてはじめて社会主義国を訪問して帰国した帆足・宮腰の両氏は、七月六日、名古屋駅頭に降りたった。これを迎えた名古屋市民は駅前で歓迎大会を行ったのち、名古屋駅→笹島→広小路と歩道上をデモしながら、両氏を宿舎に送っていた。デモが伏見通りをすぎ、住友ビル（当時米軍に接収されていた）にさしかかったとき、五階の米軍宿舎から突然窓枠がおとされてきた。これをきっかけに警官隊がいきなりコン棒をふりかざしてデモ隊におそいかかり、十二名が検挙された（一五頁）。

これらの写真が事件の真相を鮮明に証明している。これは、名古屋市警・名古屋地検が、事件を自ら引き起こし、デモ参加者を大量逮捕する行為によって、翌日の火炎ビン武装デモの計画・準備状況を事前に検挙者に吐かせ、掌握しようとしたおそるべき挑発・謀略事件だった。事件発生の経過は、あまりにも不自然で作為的である。

私は、この歩道上なら、三年間働いた職場ビルすぐ近くで、住友ビル前を数百回歩いた体験がある。住友ビルは、米軍が接収するだけに、堅固な建物で、自然事故で窓枠が落ちるようなレベルのビルではない。名古屋市警・名古屋地検は、挑発の罠を見事なまでに成功させ、デモ隊一二人を捕獲した。そのほとん

名古屋駅→広小路の歩道をいくデモ隊

米軍接収の住友ビルをかためた警官隊

デモ隊に突然落された五階窓枠

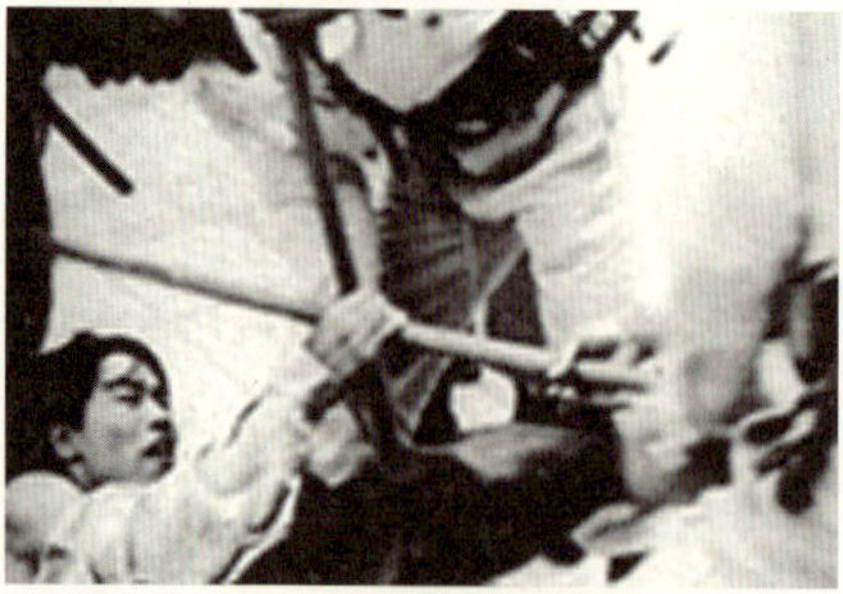
六尺棒を使って、一二人を逮捕

どが共産党員だった。その内の一人が名古屋中央電報局細胞の玉置鎰夫だった。

名古屋市Bブロックの労働者最大拠点細胞である名電報細胞のLC（指導部員）は三人で、軍事担当（Y部）が山田順造だった。第一部で述べたように、火炎ビン武装デモ指令メモ七枚中の一通（玉置鎰夫宛）が、大須事件前日の七月六日、警察に渡った。

七月四日、市軍事委員兵藤鉱二は、五日の隊長会議前、山田順造に、市軍事委員会の指令を与えた。『検察研究特別資料』一八四頁の内容は、第一部（二一頁）に載せた。

名古屋市警・名古屋地検は、「玉置レポ」を押収でき、想いもかけぬほどの貴重な獲物に狂喜しただろう。なぜなら、その物的証拠があれば、翌七月七日に、武装警官隊八九〇人の違法な先制攻撃によって騒擾罪をでっち上げても、「玉置レポ」内容は騒擾罪の決定的証拠の一つとして公判維持の最良の武器になるからである。警察・検察は、絶対的自信を深め、七月二日、乃至、七月五日以来、秘密裏に企んできた騒擾罪でっち上げの計画と準備の最終仕上げにかかった。東京・メーデー騒擾事件、大阪・吹田騒擾事件よりも、名古屋・大須騒擾事件の方を、名実ともに日本一の立派な騒擾罪に仕立てる決意を固めた。

三、大須事件における警察・検察の騒擾罪でっち上げの計画と準備

このテーマに関して、被告・弁護団は、公判において鋭く追及している。しかし、騒擾罪でっち上げを謀っていた警察・検察は、公判において、さまざまな偽証、証拠隠しをした。その国家権力犯罪の壁は厚く、警察・検察の計画・準備について、暴露され、証明された事実は少ない。そのわずかな証拠だけを並

べるだけではやや説得力に欠ける。

そこで、私は、明白な証拠だけで争う公判スタイルからはなれて、事件から五七年後における私の推理を交えて書くことにする。推理を含めれば、それは、別の意味で、説得力を欠く要因にもなるが。

『第一審判決』は、共産党による火炎ビン武装デモの計画・準備事実を、六月二八日から七月七日までの時系列別に認定した。私もそれにならって、警察・検察の騒擾罪でっち上げの計画・準備を、六月二六日から七月七日まで時系列に分析する。

六月二六日　帆足・宮腰両氏歓迎報告大会準備会。名古屋市警臨時部課長会議と名古屋地検検事正安井栄三出席

名古屋地検検事正安井栄三が、なぜ名古屋市警臨時部課長会議に出席していたのか、さらに、その出席をなぜ隠蔽しようとしたのかという謎を、まず推理する。というのも、六月二六日の会議は、大須事件の騒擾罪でっち上げ謀略作戦の決定的な第一歩となったからである。

五都市での歓迎報告大会日程情報を、共産党中央軍事委員会と検察庁・警察庁とも、当然ながら六月二六日の数日前に掴んだ。共産党は、中国共産党と北京機関からの直接連絡ルートで事前に入手した。両者とも、この情報に喜び、この機会を有効に利用するよう、ただちに五都市の該当機関に緊急指令を出した。

検察庁・警察庁は、第三の騒擾罪でっち上げ適用の第一候補を名古屋市大須球場大会後のデモと定めた。東京・大阪で四件の発生を受けて、警察・検察の不手際・取締りの生ぬるさにたいする日米権力からの批判・不満が高まっていた。このレベル・規模の事件の連続発生をまた許せば、独立直後日本の政治経済上の大問題になるばかりか、朝鮮戦争の兵站補給基地日本の治安が崩壊しかねない事態に陥る。検察庁・警察庁の面子は丸つぶれになる。武装闘争共産党を徹底的に破壊・殲滅する上で、七月七日名古屋大須球場大会後のデモは、警察・検察にとっても、歓迎すべき騒擾罪でっち上げの絶好のチャンスと映った。ここで、共産党デモを包囲殲滅し、以後、共産党による火炎ビン武装闘争を起こさせないほど、完璧に叩き潰す必要があった。

検察庁は、メーデー事件、吹田事件の教訓と不手際を必死で研究し、吹田事件後に、全国の高検検事長・地検検事正会議＝会同を招集した。その後、大須球場の日程情報が入ったなかで、名古屋高検検事長藤原末作と名古屋地検検事正安井栄三にたいし、騒擾罪でっち上げ謀略の計画と準備を、万全抜かりなく仕上げるよう指令した。とくに、警察・検察が完全一体となって、事前に違法な癒着体制を作ってでも、騒擾罪を何がなんでも成立させよと命令した。

大須事件・裁判の謎の一つは、下記に分析するように、事件発生前から、警察・検察の完全一体・癒着体制がなぜできていたのかという問題である。これは、メーデー事件・吹田事件と比べても、異様なほどの一体化で、他都道府県の警察・検察がどうしてそこまでやれたのかと不思議がったレベルだった。その原因は、検察庁ルートと警察庁ルート双方からの名古屋地検・名古屋市警への上意下達の癒着命令があったと考えるのが妥当である。高検検事長藤原末作と地検検事正安井栄三、および、名古屋市警本部長宮崎四郎は、その命令への絶対服従と共産党火炎ビン武装デモの殲滅作戦遂行を誓った。彼ら三人は、検察庁・警察庁首脳による尋常ならざる期待と命令に奮い立った。

以下は、『真実・写真』に載った言動である。騒乱罪適用は準備されていた。大須球場での大会後のデモ行進に対し、騒乱罪を適用してのぞむことは、六月二六日に、すでにきめられていた。五月一日には東京でメーデー事件、六月二五日には大阪で吹田事件が発生した。そのあとをうけて、名古屋市警本部は二六日、急きょ臨時部課長会議を安井検事正出席の上開いた。この会議は、大衆運動に対する取締り方針を一八〇度転回した重大な会議だった。安井検事正は証言の中で、いわゆる公安事件について警察が消極的だったような気がしたんで、それでもう少し積極的にやったらどうかと話した。それで警察もそれを感じて取締りを積極的にやりだした（一一頁）。

六月二七日　毎日夕刊報道記事―名古屋市警本部「発砲も辞せず」

これも、『真実・写真』（一一頁）に夕刊の写真付で載っている。六月二七日夕刊の見出しは、集団暴力に強硬態度―名古屋市警本部「発砲も辞せず」とした。その内容として、名古屋地検安井検事正の出席を伝え、発表声明の内容を報道した。

七月三日　名古屋地検羽中田金一次席検事―騒擾罪適用指示を受領

七月三日かそれ以前、名古屋地検羽中田金一次席検事は、名古屋高検藤原検事長に会い、騒擾罪適用に関して相談し、具体的な指示を受けた。なぜ、その月日を、七月三日かそれ以前としたのか。それは、下記で、被告人永田末男が控訴趣意書でのべたように、名古屋高検藤原検事長が、事件の二、三日前から出張していた、という事実に基づく推論である。

事件後に開かれた名古屋地検・名古屋市警合同研究会における羽中田次席検事挨拶で、次のように述べている。「当時私は検事正の命を受けまして、中署に参って居て、割に早い機会に騒擾罪の判断を下した次第でありますが、実は楽屋裏を打ち明けてみますと、之は私がスポークスマンに過ぎなかったのでありました。幸にして検事長、検事正両上司とも騒擾罪の経験が御座いまして、前以て色んな場合を想定して、こういう云う場合にはこうだと云う御指示が御座居まして、それによって幸い適切な判断がし得た事と考えて居ります」（『真実・写真』一三頁）。

七月四日　名古屋高検藤原末作検事長—大須事件二、三日前から出張

被告人永田末男は『控訴趣意書』（八五頁）において、藤原検事長の事件前出張事実の証拠を挙げ、かつ、羽中田次席検事にたいする騒擾罪の想定指示の月日を特定している。私の推定では、彼の出張先は、東京の検察庁・検事総長であり、その目的は、名古屋高検検事長を交えて、検察首脳が、第三番目の騒擾罪でっち上げ謀略作戦を練り上げることだったと考える。

名古屋市警による事前の火炎ビン製造・投擲・消火・薬品の訓練

被告・弁護団の『控訴趣意書』（二八四頁）は、次の公調（公判調書）の詳細な問答を載せている。ここは抜粋にする。ただ、月日について、大須事件前は確実だが、正確には特定できていない。名古屋市内の警察署において、火焔瓶の作成を実験した点について、証人嶋田信彦は明確に証言している（公判調書二〇六号）。

なお、調書は三種類ある。一、警察調書、二、検察官にたいする供述調書、三、公判調書である。名古屋地検は、法廷に一、警察調書を出さず、二、検察官にたいする供述調書数百通のみを証拠申請した。警察調書を出せば、被告・弁護団側が、その内容を拷問・脅迫の結果によるでっち上げと猛反発することを見込んだからである。名古屋地裁は、二、供述調書をすべて証拠採用する決定をした。そして、共産党の火炎ビン武装デモの計画と準備については、それらに基づく事実認定をした。三、公判調書とは、法廷における陳述である。以下、公判調書とあるのは、主として、被告・弁護団が名古屋市警関係者を尋問・追及した内容である。

七月五日　帆足・宮腰宿舎に至る広小路デモへの挑発・弾圧の計画と準備

この七月五日の項目は、事件全体の前後経過に基づく、私の推論である。

共産党名古屋市軍事委員会は、六月二八日軍事委員会会議をスタートとし、六月二九日から七月四日にかけて、火炎ビン武装デモの計画と準備を具体化した。そして、日本人の共産党下部組織、朝鮮人の祖国防衛委員会の下部組織に方針の徹底と計画・準備を指令していた。

一方、名古屋市警・名古屋地検は、その中で、七月七日火炎ビン武装デモの計画・準備の具体的情報を入手した。警察・検察は、前日の七月六日、帆足・宮腰両氏が名古屋駅到着時に駅頭において歓迎集会が開かれるだけでなく、二人の宿舎に向けて、共産党と朝鮮人祖国防衛委員会が、名古屋駅→笹島→伏見通り交差点→広小路→栄町への無届デモを決行するとの情報を掴んだ。しかも、無届デモは、広小路を東西に通る市電の北側歩道上を進むとの情報も確認した。

警察・検察は、この無届デモを二つの面から、絶好のチャンスと位置づけた。

第一、無届デモ隊に挑発者・挑発物を事前配備し、デモ隊が挑発にどういう反応を示すかの実地実験をする。デモ隊は、宿舎位置との関係から、広小路にあるアメリカ駐留軍接収の住友ビル直下の北側歩道を必ず通る。ビル五階に名古屋市警の私服刑事を配備する。その刑事の秘密任務は、デモ隊が直下を進んでいる瞬間に、五階窓枠がデモ隊を直撃するように落す。その挑発者・挑発物にたいするデモ隊の反応次第によっては、翌七月七日の火炎ビン武装デモ隊にたいする挑発者・挑発物の配備の有効性が確かめられる。

第二、デモ隊は、五階からの意図的な窓枠落しに抗議し、ビル入口に殺到するであろう。ビル周辺にだけ事前配備した武装警官隊は、そのチャンスを逃さず、デモ隊を襲撃し、大量逮捕をせよ。とくに、共産党員とおぼしき者を検挙する。そのために、党員の顔面を知っている私服刑事も事前配備しておく。大量逮捕の口実は、公務執行妨害罪とする。逮捕した共産党員のカバン・手帳・メモを完璧に押収せよ。万一、その中の誰かが、翌七月七日の計画・準備指令を持っている可能性が存在するからである。

七月六日　広小路事件でっち上げ→「玉置メモ」押収

デモ隊は、名古屋市警の窓枠落し挑発者・挑発物にまんまとひっかかった。逮捕者一二人中に、名電報細胞党員玉置鎰夫がいた。彼は、名電報細胞軍事担当山田順造が、電報用紙に書いた七枚の火炎ビン武装デモの計画・準備指令メモの一枚を持っていた。押収メモは、騒擾罪をでっち上げる上での決定的証拠となるもので、その物的証拠を早くも前日に押収できたことに、警察・検察は狂喜しただろう。

七月六日夕方から七日にかけて、警察・検察は、徹夜体制で、騒擾罪でっち上げの最終的な警備体制確立と挑発者・挑発物の配備に取り組んだ。

騒擾罪でっち上げ方針最終決定と警備・挑発・検挙体制の具体化

以下の一から三は、被告・弁護団『控訴趣意書』（四三七～四四〇頁）からの抜粋である。警備計画メンバーは、本部長宮崎四郎以下各部長、公安部警備課長出原柴太郎等が中心となった。警備体制は、『第二審判決』内容であり、その合計は約八九〇人になる。ただし、人数については判決と被告・弁護団側と異なるがここでは八九〇人に統一する。

当夜の警官隊の配置は、原判決の認定のとおり、

一、早川大隊三百六～七十名、春日神社。四ケ中隊と警告隊、中隊長四名は警部。警告隊隊長清水栄警視（大隊副官を兼ねる）は十三名にて放送車に搭乗。二、村井大隊二百五十～八十名、中署。三、富成大隊二百名、伏見通。四、これとは別に青柳大隊四十数名、アメリカ村（但し衝突後に出動）。『真実・写真』（四三頁）は、名古屋市警の警備状況調文書から次のデータを載せていて、大須事件当夜、警備動員された規模は二七一七名であったとしている。この数は、実に名古屋市警全体の八六％に当る（一部待機を含む）。

（証人、早川清春公調二六二、二六三号）＝早川大隊大隊長による公判証言の要約

大隊副官清水警視の乗込んだ放送車は、岩井通り路上の大須交叉点東約三〇米の地点で、東に向けて停車して、デモ隊の進行して来るのを待ち受けていた。約三七〇名の四ケ中隊の武装警官隊は春日神社でデモ隊を待ち構えていた。デモ隊を右地点で待ち受けていた放送車はデモ隊が到来すればデモ隊先頭と共に、上前津に進み、上前津に近づくや、四ケ中隊の武装部隊が出動しデモ隊を制圧する。このように手筈が整えられていた。

地図一　デモ開始前の警官隊配置完了図（午後六時～九時）

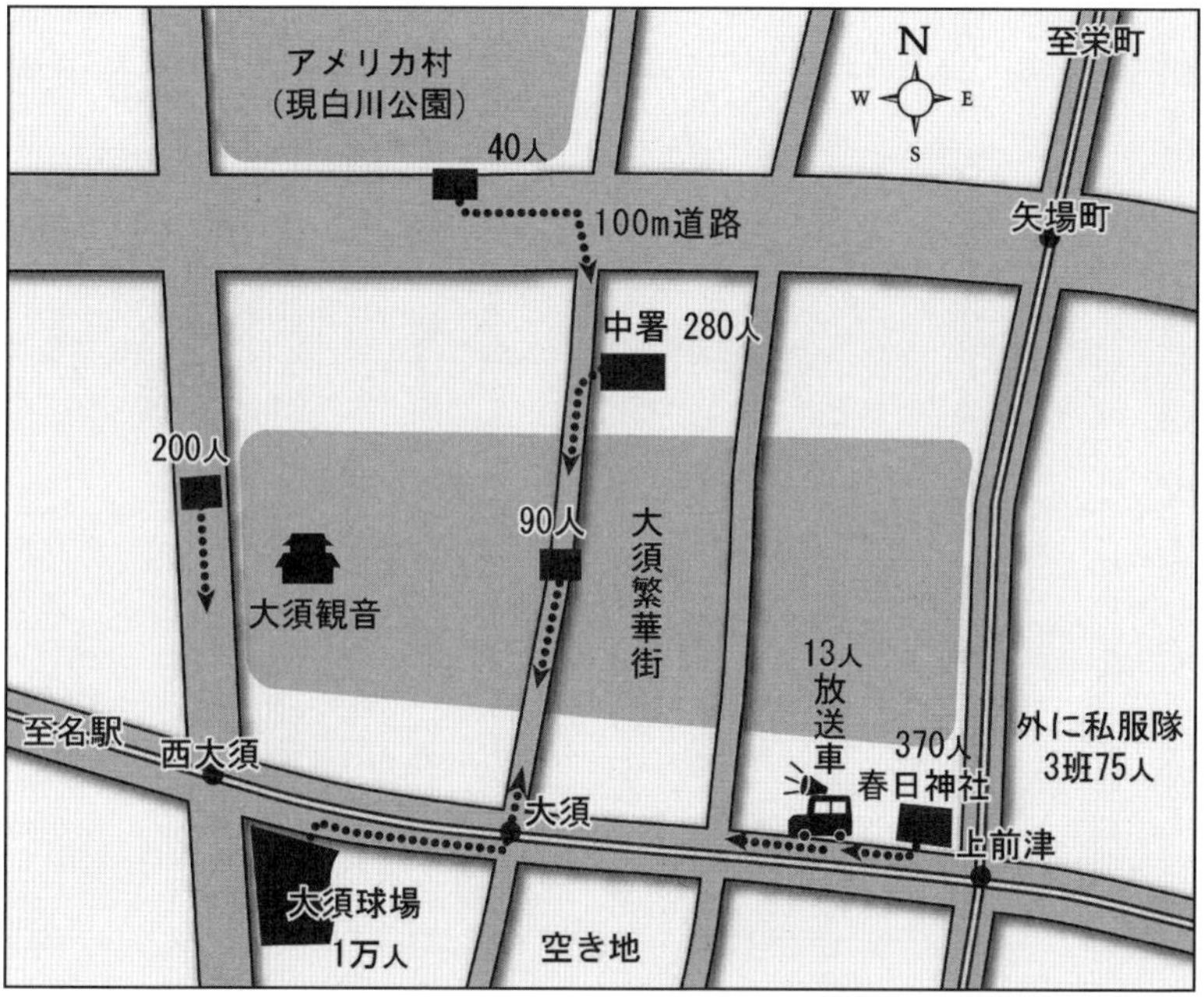

（地図二～五）は第三部に載せる。各点線は進行・出動予定線。デモ隊は、大須電停を左折北進し、中署・アメリカ村にたいし火炎ビン襲撃をする計画。道路内の二本線は市電軌道で、その南北側に車道・歩道があり、軌道を合わせ全体で五本になる。大須球場―上前津交叉点間は、デモ行進スピードで八分間の距離。大須観音とその繁華街はかなり広く、浅草観音・繁華街のスケールと類似している。地図は長男・宮地徹作成。

挑発物＝警察放送車、挑発者＝清水栄警視の人選と配備

この点について、宮崎市警本部長は次のように述べている（公調二七一号六六項、六七項、七二項、七五項）。

「答　清水隊にこういうふうにしてもらおうということは、私が一番重くみて力をそそいだのです。これは早川大隊に入っておるんです。あの人は非常にしっかりしていると思いましたので、あれがよかろうということで、あいうふうにしたんです。それで私は清水君にしようということに

なったんです」。

検挙体制の具体化とその規模

これは、最高裁に出した『上告趣意書』にある。さらに、本件デモに対する警備計画として注目に値するのは、このような警備体制以外に、検挙体制まで検討、決定されていた（三四〇回公調六一丁）。

佐藤広刑事部長の証言によれば、この検挙体制は、およそつぎのようであった（前同、四四丁以下）。

一、鑑識班を設け、被逮捕者はすべて中署に連行し、鑑識班によって逮捕者と被逮捕者を写真にとる。

二、四、五名からなる捜査課警部補を長とする身柄配分係を設け、その指示により被逮捕者を市内各署に分散留置する。

三、制服部隊の手をのがれて逃げる者を逮捕するため、約二〇名の私服捜査刑事を大須球場周辺の歩道上に配置する。

四、分散留置された被疑者の取調のため、各署に要員を相当数待機させる。

それは、市警本部が中心となった、市の全警察力をあげての、水ももらさぬ体制だった（九〇頁）。

七月七日　名古屋市警各大隊長会議と挑発物・挑発者行動計画決定

これは、『上告趣意書』にある。

警備計画の変更は、六日夜のうちに市警本部の幹部によって策定され、その夜のうちに各署にも連絡された（鶴見清、三一八回公調一九丁）。そして、翌七日の午前に、早川清春、村井忠平、富成守次の各大隊長などをあつめ、市警幹部も加わって、前夜に決めた警備方針について十分徹底をはかり（前同、四〇丁）、警備体制の実施について万全を期し、手落ちのないように打ち合せをした（鶴見清、三三三回公調、三七丁）（九四頁）。

騒擾罪でっち上げ謀略作戦の八項目を事前決定

以下は、上記鶴見清公判調書にある、手落ちのないように打ち合せをした（三三三回公調、三七丁）という作戦内容を、私が事件の全経過データに基づいて推定したものである。

デモ隊の北進を断固阻止

大須球場を出た共産党の火炎ビン武装デモ隊が、一、中署・アメリカ村襲撃の北進、または、二、上前津交叉点に向けて東進するのは間違いない。ただし、北進を断固阻止する。その理由は二つある。

理由一　中署・アメリカ村襲撃を許せば、名古屋市警・名古屋地検の面子が丸つぶれになる。それだけでなく、東京二件・大阪一件の火炎ビン大量使用事件後も、その連続発生を阻止できなかったとして、講和条約発効直後日本の治安確立上重大な事態に陥る。

理由二　デモ隊北進中に解散をさせる襲撃をすれば、大須繁華街にデモ隊が逃げ込んで、収拾がつかない大混乱が発生する。大須観音を中心とした大須繁華街は広大である。そこは、浅草観音とその繁華街に類似している。大須繁華街に火炎ビン武装デモ隊が逃げ込んだら、多数の七夕夕涼み客を巻き込み、どのような大混乱が起きるか分からない。

警察放送車への火炎ビン投擲スパイの配備計画

警察放送車の内部に火炎ビンを投擲させ、発火させるのが、騒擾罪でっち上げの決定的証拠になる。警察放送車が、南側車道にいる火炎ビン武装デモ隊の北側車道を警告放送しつつ平行で進むからには、車内の警官が自作自演で内部発火をさせるのは、目撃者が多く、後でばれてまずい。警察スパイに放送車後部から投擲させるのが上策である。すでに、共産党愛日地区軍事委員・テク担当の鵜飼照光をスパイとして確保してある。鵜飼照光には、名古屋市警が火炎ビン訓練の際、製造しておいた火炎ビン二本を事前に渡しておく。

火炎ビンの車内消火実験結果と濡れむしろ事前積載、消火者計画

火炎ビンそのものは、もともと関東軍がソ連軍戦車への対抗武器として製造・使用したもので、武装闘争共産党による製造だけでなく、警察自身が製造することも簡単である。その消火方法を、東警察署内において、いろいろ実験した。問題は、ガソリン・硫酸の混合液の車内二本炎上である。各種実験の結果、狭い警察放送車内では、瞬時の消火をするには、濡れむしろが最適であることが、分かった。濡れむしろを警察放送車に事前に積み込んでおく。消火任務は、車内にいる警告隊の野田巡査とする。

挑発の最前線指揮官の人選基準と清水栄警視に決定

最前線指揮官＝挑発の合図者を清水栄警視と決定する。四大隊の中隊長はすべて警部である。しかし、挑発合図の現場判断者は、ワンランク上の警視でなければならない。名古屋市警の指導機関構成は、警察

本部長一名、警視正六名、警視二一名、警部六〇名、総計現員三四二七名である（『真実・写真』四三頁）。

放送車停車、乗員下車直後の火炎ビン投擲実行という挑発計画

挑発の最前線指揮官清水栄警視は、挑発予定地点で、警察放送車を停車させる。彼は、二人以外を下車させる。そこへ、デモ隊一五列目に配備した共産党愛日地区軍事委員・スパイ鵜飼照光に、南側車道を進んでいるデモ隊列から北側車道に飛び出させる。警察放送車後部の開閉扉を開けておいて、火炎ビン二本を、彼に投げ込ませる。車内に残った一人の野田巡査が、濡れむしろで消し止める。

火炎ビン武装デモ隊は、その挑発者・挑発物の罠にひっかかって、吹田事件のように、放送車に火炎ビンを大量に投げるであろう。その状況になれば、その瞬間を騒擾状況の完全証拠にさせることができる。

拳銃五発発射＝警官隊一斉襲撃合図者清水栄警視の最重要任務

下車していた清水栄警視を警官隊一斉襲撃合図者とする。彼は、警察放送車内部の火炎ビン二本発火と同時に、放送車の後方に位置し、拳銃五発を水平発射する。火炎ビン武装デモ隊に襲われて、正当防衛のために、やむなく拳銃発射せざるをえなかったという騒擾状況証拠をねつ造する上で、水平発射は騒擾罪でっち上げの絶対必要条件である。清水警視には、暴徒に襲撃されたから、五発を撃ったと偽証をさせる。

デモ隊が二五〇ｍ進行した地点が、武装闘争共産党にたいする三方面からの包囲殲滅目標場所である。なぜなら、上前津交叉点まで行かせてから襲撃すれば、市電軌道が交叉する地点の地形的条件から、デモ隊は四方八方に四散してしまい、一挙に包囲殲滅・大量逮捕をするという作戦が困難となるからである。

清水警視拳銃発射を合図とする武装警官隊の一斉襲撃直前の接近計画

放送車内部の火炎ビン発火、清水栄警視拳銃発射を合図として、デモ隊に武装警官隊九八〇人が一斉に襲撃する。襲撃開始合図に間に合うように、三方面の各大隊は、火炎ビン武装デモ隊の直ぐ北側に接近しておく。三大隊による同時襲撃の連携プレイが重要である。その場合、あくまで車道北側から襲いかかり、デモ隊を大須・岩井通りの南方に追い込む。大須観音を含む大須繁華街という北方に逃げ込ませてはならない。早川大隊の山口中隊四人も、清水栄警視に倣って、拳銃の水平発射をする。それによる死者・負傷者が出た方が、大須・岩井通りの騒擾状況を証明する証拠ともなる。

ただ、メーデー事件における警官隊とデモ隊との大乱闘の教訓から、短い警棒では警察側が不利になり、暴徒側の長い角材によって、警察側に多数の負傷者を出すことが分かった。よって、警官隊九八〇人全員には、実弾六発装填の拳銃、長い警杖＝六尺棒、編上靴、火炎ビンのガソリン・硫酸混合液対策の薬品などで完全武装をさせる。

名古屋地検三人が中署に事前出動—騒擾罪発令時刻の瞬時判断・通告体制

この行動は、警察の独立捜査権を犯す違法行為である。八月四日に開かれた名古屋地検・名古屋市警合同研究会の抜粋を書く。安井検事正が検事三人を中署に事前出動命令を出した目的は何か。それは、現場において、騒擾罪発令の即事判断をし、名古屋地検に待機している検事正と、東京で待機していた藤原検事長・検事総長に緊急連絡し、騒擾罪適用を遅滞なく発令する現場判断をさせることだった。

宮崎本部長挨拶（抜粋）　只今安井検事正から御紹介がありました様に、七・七事件がうまく参りましたが、これは愛知県下の警察、検察庁の間柄が非常に密接にいって居ると云う事が、一つの重要な原因であると思うのであります。

過日、大阪管区の十二府県の自治体警察長の会議が和歌山で行われました。私も後で一寸時間があったので、大須事件について話す様にと云うので、大須事件について初頭に極めてうまく之を処理することが出来たこと、爾後騒擾罪の適用が非常に早かったので犯人も比較的多く手に入れることが出来たと簡単に報告したのであります。その時、検察庁の検事公安部長、次席検事が現場に出て居られて、生のニュースをパトロールカーから聞き乍ら事態の研究をされ、即座に騒擾罪の法条を適用されることを決定されたのだと云うことを話しました。すると、各県の警察長さん方は異口同音にどうして検察庁はそんなに早く現場に出て来てくれるんだろうかと云うことを疑問に思って居られた様であります。

検察庁と警察との関係や協力等について、余り字句の末に拘泥して、独立捜査権がどうだの、一般指揮権がどうだのこうだのと云う様な理屈を論議すると云うことは、本当は治安維持を根本から紊すことになるのではないかと心配するのであります（『真実・写真』一二三頁）。

四、共産党の武装闘争路線における大須事件の位置づけ

日本共産党の統一回復と武装闘争路線の実行

共産党にたいする警察・検察のでっち上げ謀略事件を検証する上で、日本共産党の武装闘争路線と実行事例を確認しておく必要がある。というのも、一九五二年度における謀略事件は、共産党の違法な後方基

地武力かく乱戦争行動にたいする権力側の違法な対抗措置だったからである。ただ、国家権力側の意図はそれだけではない。彼らの基本路線は、一九五二年四月二八日、サンフランシスコ条約・日米安保条約発効後における日本の治安体制の確立だった。合わせて、朝鮮戦争特需を利用した日本経済の復興を図る目的があった。それらを成功させるためにも、日本本土において、スターリン・毛沢東命令に隷従し、朝鮮侵略戦争参戦政党となって、火炎ビン武装闘争を全国的に開始した共産党を、真っ先に叩き潰す必要に迫られた。

火炎ビン武装闘争という違法な戦争行動には、違法なでっち上げ謀略で応える。目には目、歯には歯、違法には違法も許されるという精神状況が、警察・検察側と共産党側の二勢力双方に形成されたのが一九五二年度だった。日米権力によるその政治的経済的要請に応え、武装闘争共産党を壊滅させるには、共産党にたいする違法なでっち上げ謀略を仕掛けることが、全国の警察・検察にとって正義の行動であると正当化された。

具体的な武装闘争実践は、下記表九、十のように、一九五一年二月二三日四全協からでなく、五全協からである。一九五一年四月、スターリンは、分裂争いを続け、後方基地武力かく乱戦争行動に決起しない日本共産党にいらだって、宮本らを分派と裁定した。宮本顕治ら反徳田国際派五分派すべてがスターリンに屈服した。一九五一年一一月上旬、宮本顕治は、「(スターリン執筆の)新綱領を認める」という志田重男宛自己批判書を提出し、徳田・野坂・志田らの主流派に復帰した。一一月一七日、宮本顕治らがスターリンに屈服したことによって統一回復をした五全協共産党は、ソ中両党命令に従って、朝鮮侵略戦争の後方基地武力かく乱戦争行動を開始した。

全国的な武装闘争データを載せているのは、現時点で、警察庁警備局『回想・戦後主要左翼事件』（警察庁警備局、一九六七年）だけである。よって、以下の諸表は、それを、私の独自判断で、分類・抽出した。

表九　後方基地武力かく乱戦争行動の項目別・時期別表

事件項目	四全協～五全協前	五全協～休戦協定日	休戦協定～五三年末	総件数
一、警察署等襲撃（火炎ビン、暴行、脅迫、拳銃強奪）		九五	一	九六
二、警察官殺害（印藤巡査一九五一・一二・二六、白鳥警部一九五二・一・二一）		二		二
三、検察官・税務署・裁判所等官公庁襲撃（火炎ビン、暴行）		四八		四八
四、米軍基地、米軍キャンプ、米軍人・車輌襲撃		一一		一一
五、デモ、駅周辺（メーデー、吹田、大須と新宿事件を含む）		二〇		二九
六、暴行、傷害		八	五	一三
七、学生事件（ポポロ事件、東大事件、早大事件を含む）		一五		一一
八、在日朝鮮人事件、祖防隊・民戦と民団との紛争	二	一九	二	二三
九、山村・農村事件	一	九		一〇
一〇、その他（上記に該当しないもの、内容不明なもの）	一	二三	三	二七
総件数	四	二五〇	一一	二七〇

表十　武器使用指令（Z活動）による朝鮮戦争行動の項目別・時期別表

武器使用項目	四全協～五全協前	五全協～休戦協定日	休戦協定～五三年末	総件数
一、拳銃使用・射殺（白鳥警部一九五二・一・二一）		一		一
二、警官拳銃強奪		六		六
三、火炎ビン投てき（全体の本数不明、不法所持一件を含む）		三五		三五
四、ラムネ弾、カーバイト弾、催涙ビン、硫酸ビン投てき		六		六
五、爆破事件（ダイナマイト詐取一・計画二・未遂五件を含む）		一六		一六
六、放火事件（未遂一件、容疑一件を含む）		七		七
総件数	○	七一	○	七一

一九五三年三月五日、スターリンが死去した。日本共産党の武装闘争路線と実践は、スターリン死亡四カ月後の一九五三年七月二七日、朝鮮戦争休戦協定調印時点で、ぴたりとやんだ。これらの年月日データは、武装闘争が、ソ中両党に隷従していた日本共産党による朝鮮侵略戦争参戦の後方基地武力かく乱戦争行動だったことを完璧に証明している。

表十データは、表九から武器使用指令（Z活動）だけをピックアップしたものである。本来は、統一回復五全協が行なった武力かく乱戦争実態とデータを、六全協共産党が公表すべきだった。しかし、野坂参三第一書記、軍事委員長志田重男、ソ中両党人事指名で指導部復帰ができたばかりの宮本顕治常任幹部会責任者ら共産党トップ三人は、ソ連共産党フルシチョフ、スースロフと中国共産党毛沢東、劉少奇らが出

した「武装闘争の具体的総括も、データ公表も禁止する」との指令に屈服した。そして、上っ面の極左冒険主義という抽象的なイデオロギー総括だけにとどめ、武装闘争の具体的内容・指令系統・実践データを、隠蔽した。そして、今日に至るまで、完全な沈黙と隠蔽を続けている。この禁止指令の存在については、不破哲三が、『日本共産党にたいする干渉と内通の記録—ソ連共産党秘密文書から』（新日本出版社、一九九三年、三六三頁）において証言した。

共産党の火炎ビン武装闘争における大須事件の位置づけ

第一部で検討したように、共産党名古屋市委員会・軍事委員会による火炎ビン武装デモの計画・準備は事実だった。共産党の武装闘争路線とその一九五二年度実行における大須事件の位置づけを、表九、十に基づいて考える。

一、大須事件は全国の武装闘争事例二七〇件の一つである。

二、武器使用指令（Z活動）による朝鮮戦争行動については、全国七一件の一つである。

三、火炎ビン使用事件としては、全国三五件の一つである。火炎ビン大量使用武装闘争は五月末から始まった。大須事件は、火炎ビン大量使用事件の四番目だった。東京二件・大阪一件に続く、中部地方中心都市の名古屋における初めての火炎ビン武装デモ事件だった。大須事件はその四番目だが、それ以後の大量使用事件はなく、大須事件が最後となった。

四、大須事件は、メーデー事件をスタートとした五月以降における連続事件の五番目だった。騒擾罪適用裁判の三番目である。

五、白鳥警部射殺事件を含めると、大都市における本格的な朝鮮侵略戦争の後方基地武力かく乱戦争行動としては、一月二一日札幌→五月一日東京→五月三〇日東京→六月二五日大阪、東京→七月七日名古屋となる。大須事件は、共産党中央軍事委員長志田重男の指令に基づく全国の大都市を縦断する戦争行動の六番目となった。

大須事件は、名古屋市だけの孤立した火炎ビン武装デモ事件ではない。宮本顕治も復帰し統一回復をした五全協共産党が、全党組織を挙げて遂行した日本全土における後方基地武力かく乱戦争行動の一つ、しかも、その最大重点作戦の一つだった。党中央軍事委員会は、残された未決起大都市の名古屋で、強烈な火炎ビン武装デモを決行させる必要があった。

吹田・枚方事件が、大阪でたたかわれた朝鮮戦争とも言われるように、大須事件は名古屋でたたかわれた朝鮮戦争とも規定できる。それらは、ソ中朝日という四つの共産党・労働党が、世界で初めて遂行した侵略戦争の一環だった。一九五二年度の武装闘争二五〇件、武器使用（Z活動）七一件という「日本全土でたたかわれた朝鮮侵略戦争参戦行動」の中で、大須事件を位置づけなければ、事件の本質を正確に把握することができない。

もっとも、ソ中両党隷従下の日本共産党は、国家権力を握っていなかった。一、ソ中朝という三つの社会主義国家と前衛党が、周到に事前の侵略戦争準備をしてきた事実、二、一九五〇年六月二五日に、北朝鮮軍の方が先に三八度線を突破した事実、三、それによって、朝鮮半島の武力統一・社会主義化を企んだという事実などの真相をまったく知らされていなかった。北朝鮮系在日朝鮮人数十万人も、金日成声明における朝鮮戦争勃発の原因について、疑う者はいなかった。

一方、スターリン・毛沢東・金日成ら三人のマルクス主義一党独裁権力者は、侵略戦争開戦と同時に、大ウソ・ペテンを世界中に振り撒いた。それにより、すぐ隣の島国＝朝鮮戦争兵站補給基地日本において、左翼陣営と全共産党員・シンパ、北朝鮮系在日朝鮮人は「朝鮮戦争は李承晩とマッカーサーが先に北朝鮮にたいして侵略戦争を起こした。四つの前衛党による朝鮮戦争、東京・大阪・名古屋でたたかう朝鮮戦争は、理想の朝鮮民主主義人民共和国を防衛する正義・正当な行動である」と信じ込んだ。三人の社会主義国最高権力者＝偉大なマルクス・レーニン主義者が、このようなペテン宣伝を世界中に仕掛けたとは、当時の共産党員・シンパにとっては思いもよらぬことだった。

第三部　大須・岩井通りにおける騒擾状況の認否

はじめに

一九五二年四月三日から、モスクワで国際経済会議が開かれた。この会議には、英・米・仏をふくむ四九ケ国、四七一名の代表が参加している。それへの招請を受け、高良とみ（参議院・緑風会）、帆足計（衆議院・左派社会党）、宮腰喜助（同・改進党）ら三人は、ソ連向けの旅券を申請した。外務省は、ソ連領内の旅行につき、生命の安全を保障しがたいとの理由で発行を拒否した。さきにパリでのユネスコの会議に出席していた高良議員は、ヘルシンキを経てモスクワに入り、第二日目から国際経済会議に日本代表として参加した。帆足・宮腰両議員は、デンマーク行きの旅券でコペンハーゲンに飛び、そこから「地球は丸いからソ連を通って帰る」との手紙を政府あてに出した。

モスクワで雷任民中国貿易次官の招待をうけて、三人は五月末中国の首都北京に行った。そこで、国際経済会議日本代表高良とみ、日中貿易促進協会代表帆足計、同促進連盟理事長宮腰喜助ら三議員と、中国貿易促進委員会主席とのあいだで、輸出入総額六千万ポンド（当時の円で六百億円）の日中貿易協定が結ばれた。帆足、宮腰両議員は、七月一日羽田に帰着した。日本に帰れば、警視庁に一晩くらいはとめられるだろうとの二人の予想に反し、彼らを迎えたのは、羽田空港をうめつくす歓迎の人波だった。大須球場での集会は、このような状況の中で行われた。

一九五二年七月七日・七夕の夜、名古屋市中区西大須電停わきの大須球場（現在のスポーツ・センター）は、一万人の大聴衆の人いきれでむんむんしていた。開会一時間前から、「日中国交回復、日中貿易再開」「平和を守れ、朝鮮戦争即時停止」「吉田内閣打倒、全面講和による完全独立」などのプラカードをかかげた労働者、市民、学生、朝鮮人が続続とつめかけた。ピッチャーズ・マウンド近くに設けられた演壇を中心に、フィールドはもとより一、三塁側スタンドまでぎっしり満員だった。参加者は、日本人として戦後はじめてソ連、中国へ入った帆足、宮腰両議員の講演のはじまるのを、期待に満ちて待っていた。

午後六時四〇分、名古屋青年合唱団がうたう平和の歌を合図に、講演会が始まった。赤松勇（左派社会党）、春日一幸（右派社会党）、田島ひで（共産党）各議員をはじめ、愛労評、平和委員会、民主商工会、文化人、学生、朝鮮人団体等約一〇名の各界代表が口々に二人の壮挙をたたえるとともに、日中貿易再開、朝鮮戦争即時停止を訴えるあいさつをした。つづいて、宮腰・帆足議員の順で、講演が始まった。

一、大須事件当日における二勢力の指揮・連絡体制

共産党名古屋市軍事委員会は、一九五二年六月二八日から、火炎ビン武装デモの計画と準備を開始した。名古屋市警・名古屋地検は、六月二六日から、第三の騒擾罪でっち上げの計画と準備を始めた。その準備期間は、いずれも一〇日間や、一二日間と短い。

メーデー事件と吹田・枚方事件において、共産党は、その行動を五月一日メーデーと六月二五日朝鮮戦争開戦二周年日とした。既定の月日に向けて早くから、長期にわたる計画と準備をしてきた。三大騒擾事件において、大須事件は、その計画と準備期間が極端に短く、双方とも速成の体制づくりになったことも、第三の騒擾事件における特徴の一つである。短期準備による問題点や欠陥は双方ともいろいろ現れた。その内容については、この第三部と次の第四部で触れる。ただ、二勢力それぞれの目的と行動計画から見て、双方ともかつてないレベルの指揮・連絡体制を創り上げた。

共産党は、一、中署・アメリカ村に向けた無届デモの呼びかけを大須球場集会終了の瞬間に行い、そのアピールをする者を名古屋大学生党員岩田弘に決定した。二、製造した火炎ビンを各参加者が入場時に持ち込む。三、集会参加者の多数がデモに加わるよう、デモスタート前に、集会演壇周りの渦巻きデモを三回行う。四、デモ隊の編成順序を、名古屋大学学生→朝鮮人祖国防衛委員会→自由労務者→一般などと事前に決定した。

警察・検察は、当日、集会が終わる夜九時までに名古屋市内の全市的配備を完了した。一、大須球場近辺の東西北三方面道路に、実弾六発装てん拳銃・六尺棒装備の武装警官四大隊八九〇人。二、私服警官隊

三班七五人。三、検挙したデモ隊員の顔写真撮影を中署で一括集中実施するシステム。四、検挙者全員を全市一二警察署に分散留置する体制。五、一二警察署待機警官を合わせて、名古屋市警現員三四二七人の八六％、総計で二七一七人を総動員。六、中署に名古屋地検次席検事ら三人の違法な事前出動・配置。七、三人が「騒擾罪適用！　騒擾暴徒を即時全員検挙！」の騒擾罪発令・即事伝達ルート確立、などという史上空前で、かつ、絶後の体制を事前に完成させていた。これらのシステム事前確立については、最高裁に出した『上告趣意書』（九〇頁）にある。

表十一　二勢力の指揮・連絡体制と配置

場所	共産党	警察・検察
東京	党中央軍事委員長志田重男 党中央軍事委員岩林虎之助 （党員桜井紀弁護士の名古屋アジトに	検事総長と検察庁首脳 名古屋高検検事長藤原末作 警察庁首脳
名古屋	地下指導部　永田末男委員長ら五人 中間アジト　加藤和夫ら二人	名古屋市警本部長宮崎四郎 名古屋地検検事正安井栄三
球場近辺	（集会場から離れた八木旅館） 第二地下指導部　軍事委員長芝野一三 県軍事委員福田譲二＝球場内への指令	（中署） 名古屋地検次席検事羽中田ら検事三人 名古屋市警中署長＝警視正
球場内	現地指導部　名古屋市軍事委員二人 朝鮮人祖防委三人	私服刑事数十人の球場内潜入配備 ビラ攻撃対象の社会党議員・愛労評議長護衛

ピケ員	明和高校細胞ら一〇数人、ピケ班アジト 警官四大隊の配備・人数調査と連絡	私服警官隊三班七五人 球場内が見える民家二階に警官四人
連絡員	明和高校細胞二人、中間アジト↓ 地下指導部⇕第二地下指導部	警告隊長清水栄警視＝最前線の合図指揮官 警告隊員一四人による各大隊への連絡ルート

二、中署・アメリカ村火炎ビン攻撃作戦の中止↓東進へのデモコース変更

共産党名古屋市ビューローの判断と作戦変更、変更内容と変更時刻

一、中署・アメリカ村に北進して、火炎ビン攻撃をする作戦を中止する。
二、上前津交叉点に向けて東進する。そこから右折・南進し、金山橋まで行って流れ解散をする。
三、火炎ビンを使用せず、無届の平和デモを行う。

この変更時刻は、七月七日当日の午後九時頃だった。それは、デモ隊が大須球場をスタートした午後一〇時〇〇分から一時間前である。

火炎ビン攻撃中止判断の根拠

作戦変更の根拠について、『控訴趣意書』『上告趣意書』や被告・弁護団のパンフ・文集とも、なぜか何一つ書いていていない。そもそも、被告・弁護団は、共産党の当初作戦が、中署・アメリカ村にたいする火炎ビン武装デモ攻撃だったという事実にたいして意図的に沈黙している。よって、以下は事件の全経過に基

づく私の推定である。

明和高校細胞・民青団ら一〇数人のピケ＝偵察班が、警官隊配備状況の調査と偵察をした。その報告は、ピケ班アジト↓中間アジト↓地下指導部にもたらされた。報告によって、大須・岩井通りの北方・中署、東方・上前津交叉点の春日神社、西方・伏見の南北道路上、中署北方・アメリカ村の四地点に各二〇〇人前後の武装警官隊が配備されていることが判明した。

デモ隊が大須球場を出て、大須・岩井通りをまず東進し、約二分後、大須電停を作戦どおりに左折・北進をすれば、中署より南方に出動して、狭い道路を封鎖している武装警官隊と正面衝突をする。その場合、中署に到達する前に、デモ隊と警官隊とが大乱闘になる。しかも、東・西・北三方面からの警官隊によるいっせい包囲襲撃を受けて、中署・アメリカ村よりもはるか手前の道路上でデモ隊が殲滅される危険性が高い。東・西の警官隊は、地理的に見ても、走れば二、三分で大乱闘の現場に駆けつけられる。

六月二八日以来、一〇日間にわたって、火炎ビン武装デモの計画と準備をしてきた。しかし、この状況では、中署へ行きつく前に、武装警官隊数百人によって包囲殲滅される。そのような危険を犯すことはできない。よって、午後九時で、デモ隊スタートの一時間前だが、急遽、作戦を無届平和デモに変更する。火炎ビンは使わない。

変更方針の指令・伝達ルート

地下指導部永田末男委員長ら五人が午後九時頃に方針変更を決定↓大須球場に近い八木旅館の第二地下指導部芝野一三軍事委員長、愛知県軍事委員福田譲二↓大須球場内現地指導部への伝達者福田譲二↓現地指導部の数人→デモ隊指揮者、というルートだった。

この八木旅館＝第二地下指導部の存在問題については、一九七五年にいたるまで、被告・弁護団は完全に沈黙してきた。被告・弁護団は、芝野一三は現地に行っていない。アリバイがあると主張しただけだった。警察・検察も八木旅館に触れていない。警察・検察がそれを知らなかったはずがない。事件から二三年も経ってから、芝野一三軍事委員長が初めて自己の「上告趣意」で証言した。なぜ二三年間も黙っていたのか。八木旅館問題は、双方にとってそれほど重大な秘密事項＝タブーだったのか。これも大須事件の謎の一つである。その推定は、第四部でのべる。

三、警察・検察による謀略作戦の無変更堅持

警察・検察は、現場情報収集をする当然の事前措置として、面が割れていない私服刑事数十人を大須球場内に潜入配備していた。彼らの幾人かは、現地指導部周辺にいて、聞き耳を立てていた。そこへ県軍事委員福田譲二が来て、指導部の何人かに、北進作戦中止とデモコース東進に変更指示を口頭で伝達する様子を見聞きした。共産党の変更方針は、名古屋市警・中署→四大隊に瞬時に伝達された。しかし、警察・検察は、第二部で分析した二つの理由に基づいて、もともと北進絶対阻止方針だったので、謀略作戦を何一つ変更することなく堅持した。

強制解散目標地点と火焔瓶を投擲させるおとり使用

大須球場から東二五〇m・デモ五分間行進地点において、東・西・北四大隊九八〇人は、北側車道からデモ隊へのいっせい襲撃を行う。大須繁華街に逃げ込ませないよう、意図的に南方を空けておく。包囲殲滅作戦といえども、逃亡口を一箇所空けておくことは、戦争行動のイロハでもある。デモ隊列消滅後に掃討作戦を遂行すればよい。

清水栄警視・警告隊隊長は、デモ隊の大須球場スタートと同時に、警告隊員を使って、四大隊にその情報を疾走口頭連絡する。四大隊隊長は、瞬時に前進待機命令を出す。

名古屋市公安条例において、無届デモというだけでは、警察が強制解散の実力行使をすることはできない。よって、警察放送車を火焔瓶被投擲のおとりに使い、警察・検察側が作為的に大須・岩井通りにおける騒擾状況をまず創作する。

いっせい襲撃の合図三つ

デモ五分間・二五〇m進行地点において、放送車を止め、警告隊員は二人を残して下車する。合図は三つである。共産党愛日地区軍事委員・テク担当の警察スパイ鵜飼照光が、デモ隊一五、一六列目から飛び出し、停車した放送車の後部扉から火焔瓶二本を投入する。デモ隊は、その挑発に乗せられ、放送車にたいし、火焔瓶を大量に投擲するはずである。挑発者・挑発物による罠の効果は、前日七月六日広小路事件の挑発実験で証明されている。清水栄警視は、デモ隊が挑発の罠にかかった瞬間を逃さず、拳銃五発を水平発射する。

これら三つの合図と同時に、東・西・北四大隊九八〇人は南側車道にいるデモ隊にたいして、いっせいに襲いかかる。春日神社から前進待機していた早川大隊三七〇人の最先頭部隊である山口中隊も、四人が拳銃の水平発射をする。山口中隊の任務は、拳銃発射によって、デモ隊を先頭部分から壊滅させることだった。暴徒隊列の頭を撃ち砕くのも戦争作戦の常道である。

騒擾罪適用の瞬時発令

名古屋地検羽中田次席検事ら三人は、警察の独立捜査権を犯し違法に中署に事前出動していた。もちろん、これは検察庁・警察庁首脳の了解と命令に基づく行為だった。羽中田次席検事らは、三つの合図を即座に知る体制をとる。彼らは、騒擾状況発生の判定を下し、名古屋地検検事正と東京の検事総長・名古屋地検検事長に緊急連絡をとり、騒擾罪発令の了解を得る。

発令と同時に、全警官隊九八〇人にたいし、騒擾罪適用！　騒擾暴徒の全員検挙！　命令を伝達する。

四、平和デモ東進の二五〇m・五分間の状況

デモ隊の状況

名古屋市警は、大須球場内を見られる民家河井宅二階にも山田警官ら四人を配備し、刻々とその情報を受けた。法廷に提出された山田メモは、その時間経過を記している（『真実・写真』三四頁）。

午後九時四七分、終了、約九〇〇〇名↓九時四八分、閉会の辞↓九時五〇分、学生等の真相報告＝広小

路事件、警官隊が会場を取り巻いている→九時五五分、学生等の演説＝中署へ行け、中署へ行け→九時五五分、中署へ行こうとのヤジが飛び気勢を上げる→九時五五分、赤旗を立て、行動開始→一〇時〇〇分、二組に分かれて会場を廻っている。一つにかたまり約一〇〇〇名位。

デモ隊が大須球場から大須・岩井通りに出たのは、一〇時〇〇分過ぎから一〇時五分の間である。「中署へ行け」との学生の演説・ヤジがあったが、デモ隊指揮者は、作戦変更の指令どおり、二分後の市電大須停留所を左折・北進せず、上前津交叉点に向けての東進をリードした。

上前津交叉点までは、デモ行進のスピードで八分間の距離である。デモ隊は「わっしょい、わっしょい」の掛け声を挙げ、各団体の旗、プラカードを持ち、市電軌道の南側車道上の無届デモをしていた。メーデー事件のように、あらかじめ準備された乱闘用の角材をほとんど持っていなかった。ただ、当初作戦に基づく火炎ビン三七本（検察側の物的証拠）を携帯していた。

デモ隊の人数データは、いろいろある。一、被告・弁護団は三〇〇〇人（パンフ）、または最低でも二〇〇〇人（『控訴趣意書』『上告趣意書』）。二、警察は一〇〇〇人（『警察庁の回想』二〇一頁）。三、『検察研究特別資料』は千数百人。四、『第一審判決』は一五〇〇人としている。

ただ、大須球場の集会は九時五〇分に終わった。一万人の参加者は、大須電停から名古屋駅行市電に乗るか、上前津交叉点まで八分間歩いて、各方面の市電に乗った。武装警官隊九八〇人によるいっせい襲撃の開始時刻は、一〇時五分から一〇分の間である。当然、大須・岩井通りの南側歩道と北側歩道上には、デモ隊に参加しない帰宅途中の人達で溢れていた。ましてや、集会終了の瞬間における学生の訴えがあり、警官隊の姿を見たことで、歩道に留まる人も大勢いた。しかも、当日は七月七日の七夕であり、大須繁華街にも参拝・夕涼みの人がまだかなり残っていた。

デモ隊人数は被告・弁護団の最低でも二〇〇〇人から、警察の一〇〇〇人までかなり幅がある。私は、一五〇〇人としておく。それは、実態として、火炎ビン武装デモ隊だったのか、それとも、平和デモ隊だったかという性格規定をする上で、火炎ビン携帯者の比率を計算するのに人数の特定が必要だからである。

重要な事実は、デモ隊東進五分間・二五〇mの時間・距離において、デモ隊は、火炎ビンを一本も使わなかったことである。じぐざく行進もしていなかった。警察・検察・裁判所とも、この事実を完全に認めている。デモ五分間の性格は、物的証拠として残された三七本の火炎ビンを携帯していた者がいたとしても、まさに平和デモだった。

武装警官隊八九〇人の状況

清水栄警視を隊長とした警告隊一四人は、警察放送車に乗り、計画と準備どおり、南側車道を行く無届デモ隊先頭のやや斜め前方の北側車道上を、「無届デモなので解散せよ」との警告放送をしつつ、デモ隊と同じスピードで平行に東進した。その中間には、五m幅の市電軌道が走っており、双方の距離は、一〇m近くあった。『第一審判決』の克明な地図によれば、車道幅は南北とも八・四〇mである。この数値は、デモ隊が警察放送車に異常接近し、または、市電軌道を北側にはみ出して、火炎ビンの大量投擲をしたのかどうかの事実認定をする上で必要である。

なぜこの距離にこだわるのか。私は、第一部で書いたように、大須を通る市電を大学通学四年間で数百回使い、大須繁華街や上前津交叉点周辺を古本屋めぐりで数十回歩き廻った体験をもっているからである。

地図二　デモ開始三分後のデモ隊と警官隊

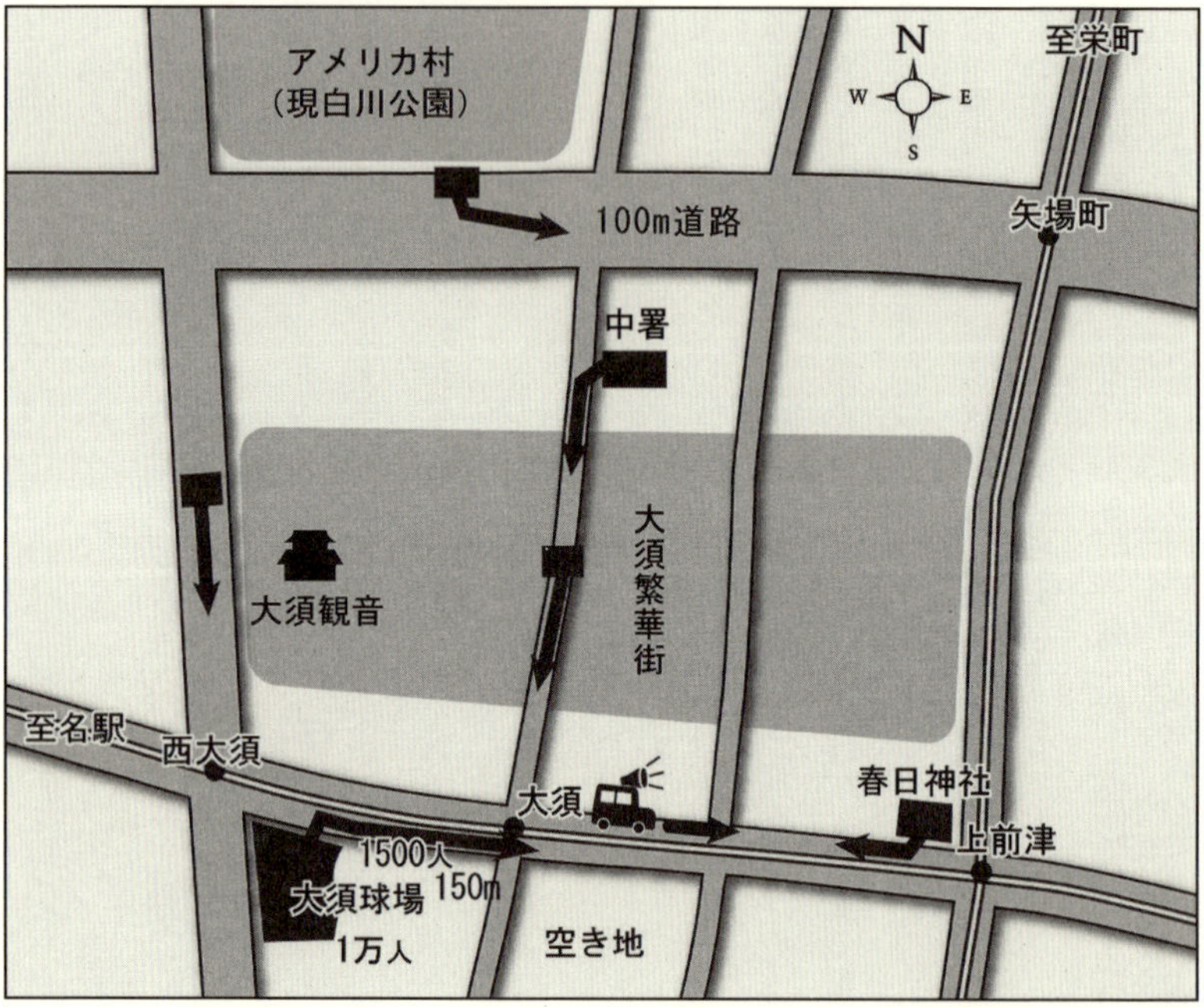

私の土地勘という面からも大須・岩井通り事件を検証することになる。

デモ隊一五〇〇人が大須球場から大須・岩井通りに出るやいなや、清水栄警視は、警告隊員に命令し、東・西・北四大隊に、デモ隊出発！　の口頭連絡で走らせた。四大隊隊長は、予定通り、即座に前進待機！　を指示した。ここまでは、事態が謀略作戦通りに進行した。

五、デモ隊二五〇m地点到達からの一分間の状況

武装警官隊八九〇人がいっせい襲撃をしたことによるデモ隊列の完全崩壊までの時間をどう認定するのかという問題がある。『控訴趣意書』『上告趣意書』は、数十秒と主張している。その主張が真実と考えるが、数十秒では、その間の区別をしにくい。よって、この文で、私は、便宜的に一分間とし、それを三段階に分別し、三枚の地図で検証する。なお、被告・弁護団側の火炎ビンと検察側の火焔瓶という用語を併用する。火炎ビンの数え方は個・発・本といろいろある。しかし、大須事件問題では、原資料を除いて、本に統一する。

以下は、三つの立場からの各原資料に基づく私なりの事実認定をのべる。原資料の引用・抜粋を転載する方がいいが、膨大になりすぎるので、認定の具体的根拠はここに書かない。それは、一、被告・弁護団『控訴趣意書』『上告趣意書』『真実・写真』『文集』、二、警察・検察『警察庁の回想』『名古屋高検の控訴趣意書にたいする答弁書』『検察研究特別資料』、三、裁判所『第一審判決』『最高裁の上告棄却決定』などに基づく。

岩井通り全体における火炎ビン携帯・使用本数の事実認定

デモ隊一五〇〇人は、大須電停を左折・北進せず、上前津交叉点に向けて、五分間・二五〇m東進した。それ以後の一分間において騒擾状況が発生したのかどうかの事実認定をめぐる焦点は、火炎ビン携帯・使用本数と二種類の使用形態である。使用形態とは、意図的に投擲したのか、それとも、路上に投げ捨てた

のかという事実認定である。

別の焦点は、警官隊とデモ隊との乱闘が発生したのかどうかになるが、メーデー事件と違って、大須・岩井通り事件においては、乱闘はまったく起きていない。ただ、メーデー事件、吹田事件と異なるのは、二つがすでに流れ解散状態にあったデモ隊にたいし、武装警官隊が明らかに違法な拳銃発射などによる先制攻撃をしたのにたいして、大須・岩井通り事件においては、火炎ビン携帯をして行進開始中のデモ隊にたいし、武装警官隊四大隊九八〇人が、挑発者・挑発物を使って、拳銃発射五人一一発などによる先制攻撃をしたことである。

『第一審判決』は、火炎ビン携帯を、証拠採用された検事調書に基づき、個人名も特定し、四八本三三人と認定した（三六八頁）。その内訳は、五本一人名電報細胞長片山博、三本一人岩月清、二本九人、一本二二人である。デモ隊における火炎ビン携帯者の比率は、三三／一五〇〇＝二・二％である。

さらに、大須・岩井通り全体における火炎ビン投擲行為を二四本一八人と認定した。内訳は、五本一人名電報細胞長片山博、二本二人梁一錫と朴正熙、一本一五人である。二つの使用形態の区別はさておいて、使用者の比率は、一八／一五〇〇＝一・二％だった。

『検察研究特別資料』が主張する証拠物・現場に遺留されていた火焔瓶は三一個（二三〇頁）である。遺留とは、使用されず、放置されていた火焔瓶も含む。

『控訴趣意書』『上告趣意書』において被告・弁護団が主張するように、最低でも二〇〇〇人のデモ隊で計算すると、三三／二〇〇〇＝一・六五％になる。共産党は、たしかに火炎ビン武装デモと、それによる中署・アメリカ村攻撃の計画と準備をした。実際に、共産党日本人細胞と朝鮮人祖国防衛委員会は、火炎ビン約一五五本を製造した。しかし、デモ隊員の実態は、二・二％、もしくは、一・六五％しか火炎ビンを携帯していなかった。このデータは、大須・岩井通りにおける騒擾状況の成立認否をする上で、決定的な要件の一つになる。

『真実・写真』において、被告・弁護団は、火炎ビン使用本数を、大須・岩井通り全体で約二〇本と規定した。「上告趣意書」においては、一部投擲行為があったことを認めているが、その大部分は、清水栄警視の拳銃五発発射と警官隊八九〇人のいっせい襲撃に驚いて、岩井通り路上に投げ捨てたことによると主張している。

となると、大須・岩井通り全体における火炎ビン使用本数に関しては、「第一審判決」の二四本と、被告・弁護団の約二〇本とは近似値となり、ほぼ合致した。

もっとも、「第一審判決」は、他のいくつかの場所で、氏名不詳暴徒を大量に含め、私が数えた総計によると火炎ビン七七本が投擲されたとも記述している。それは、検事調書による個人名特定の証拠裏付けもなく、憶測による裁判所のでっち上げ断定である。

デモ開始五分後　（一〇時〇〇分〜五分＋五分）

清水栄警視・警告隊長は、デモ隊東進五分間・二五〇ｍという襲撃予定地点で、事前方針通り、警察放送車を停車させた。そして、運転手と火炎ビン消火任務の野田巡査ら二人を残して下車した。共産党愛日地区軍事委員・テク担当の警察スパイ鵜飼照光は、デモ隊の一五、六列目に配備され、南側車道を行進していた。彼は、事前に警察から渡された火炎ビン二本を携帯していた。郡部・春日井市の愛日地区軍事委

地図三　デモ開始五分後のデモ隊と警官隊

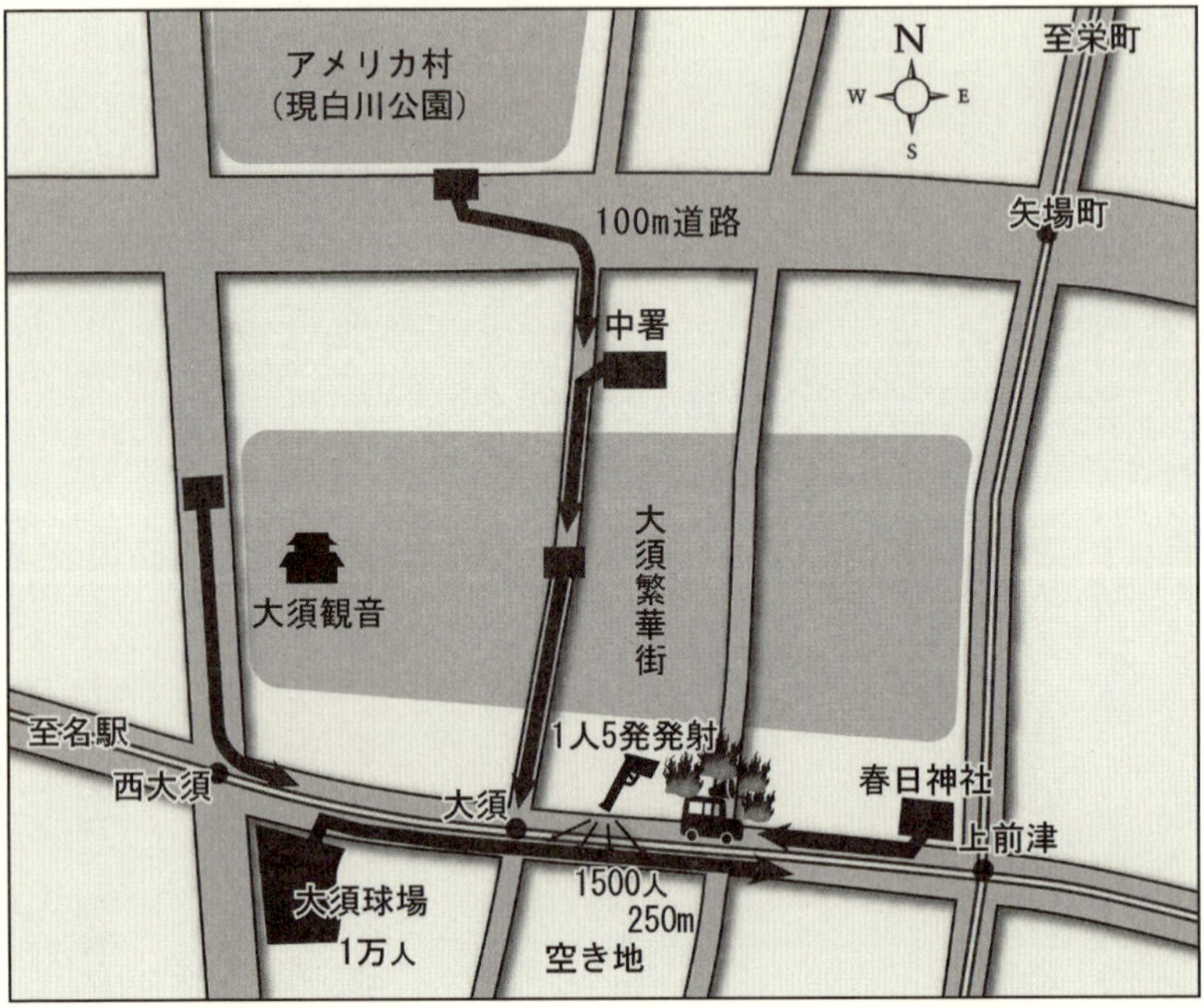

員長森錠太郎は、地区内で、火炎ビン製造を指令していなかったからである。もちろん、合法組織・表側の愛日地区委員長酒井博も、火炎ビン製造の指令など出していない。

鵜飼照光は、放送車停車の合図とともに、北側に約一〇m離れた車道で停止した放送車に向って飛び出し、車輌後部扉から火炎ビン二本を投入した。放送車は後部ドアが開閉式になっていた。投入スタイルが、後部ガラスを割ってなされたのか、それとも、停車時に少し開かれた後部ドアから放り込まれたのかは不明である。なぜなら、警察は、放送車の後部写真を一枚も公表せずに隠蔽した。かつ、警察・検察にとって絶対に有利な物的証拠となるはずの放送車そのものを、早々と廃棄処分にして、証拠隠滅を謀ったからである。彼は、投入後、警察との事前打合せ通り、直ちに現場から逃げ去った。他に投石をした者も一人いた。

▲現場写真（一〇）　手前の大きく写っている警官で、左手に六尺棒をもっているのが運転手であった横井巡査。向う側が野田巡査。放送車内で消火し完全に消し終えてから下車したと、法廷で証言している。デモ隊は進行中である。路上には一発の火炎ビンも炎上していない。（『真実・写真』二五頁）

野田巡査は、あらかじめ積載していた濡れむしろを使って、事前訓練どおりに、発火した二本の火炎ビンを消しとめた。ちなみに、火炎ビンは発火・炎上するだけで、爆発はしない。最高裁も決定したように、それは、爆発物取締法適用外の物品である。よって、消火時間は、数秒か十数秒だった。上記地図で、分かりやすいように、炎上の図を書いたが、車外にまで炎が出たことはない。運転手による運転、または、警官による押送によって、警告隊は、すぐ放送車を一五、六m東進させ、再停車し、二人が下車した。

証拠写真が証明するように、二人が下車した瞬間において、デモ隊は隊列を崩さず、整然と行進していた。隊列の一部は、南側車道をはみ出て、市電軌道上にいるが、放送車との距離は、まだ五〜一〇m前後ある。ただ、放送車内の火炎ビン発火を間近で目撃した者のごく一部は、火炎ビン数本を投擲した。
しかし、その事態は、警察・検察の大いなる目論見外れだった。警察・検察官僚の机上作戦・予想では、本来なら、火炎ビン武装デモ隊が、警察放送車とスパイ鵜飼照光という挑発物・挑発者の罠にまんまとひっかかって、放送車に殺到し、二〇〇〇本製造計画の火炎ビンを大量に投擲するはずだった。火炎ビン車内発火をさせた放送車という警察のおとり物件が絶大な効果を挙げ、挑発にひっかかったデモ隊を一挙に「騒擾罪適用！　暴徒の全員検挙」指令で一網打尽にできる見通しだった。

挑発者・挑発物の実験効果は、前日七月六日の広小路事件において、証明されたはずだった。そこでは、名古屋市警刑事による住友ビル五階からの窓枠落しと、その挑発の罠にまんまとはまったデモ隊の憤激とビル入口への殺到という暴力行為を激発させ、一二人を逮捕した上に、火炎ビン製造二〇〇〇本計画と準備を書いた「玉置メモ」という貴重な獲物までも捕獲できたのだった。

清水栄警視は、武装警官隊九八〇人によるいっせい襲撃を促す第二合図としての拳銃連射予定という重大任務を帯びていた。彼は、デモ隊の整然とした行進という想定外事態にうろたえた。放送車は、すでに一五、六m東進し、再停車した。しかし、彼は、名古屋市警本部長宮崎四郎から、あの人は非常にしっかりしていると思いましたのでと高く評価され、警視二一人の中から特別選抜された四三歳のエリートだった。警察官僚として拳銃発射任務に忠誠を誓った彼は、事前計画通り、放送車が最初に停車した地点において、拳銃を五発連射した。

清水栄警視は、名古屋市警本部防犯少年課課長だった。少年担当の彼は、水平発射した銃弾で、朝鮮人少年の半田高校生申聖浩の後頭部を打ち抜き、即死させた。拳銃連射と警官隊いっせい襲撃に驚いて、後

地図四　デモ開始五分三〇秒後のデモ隊と警官隊

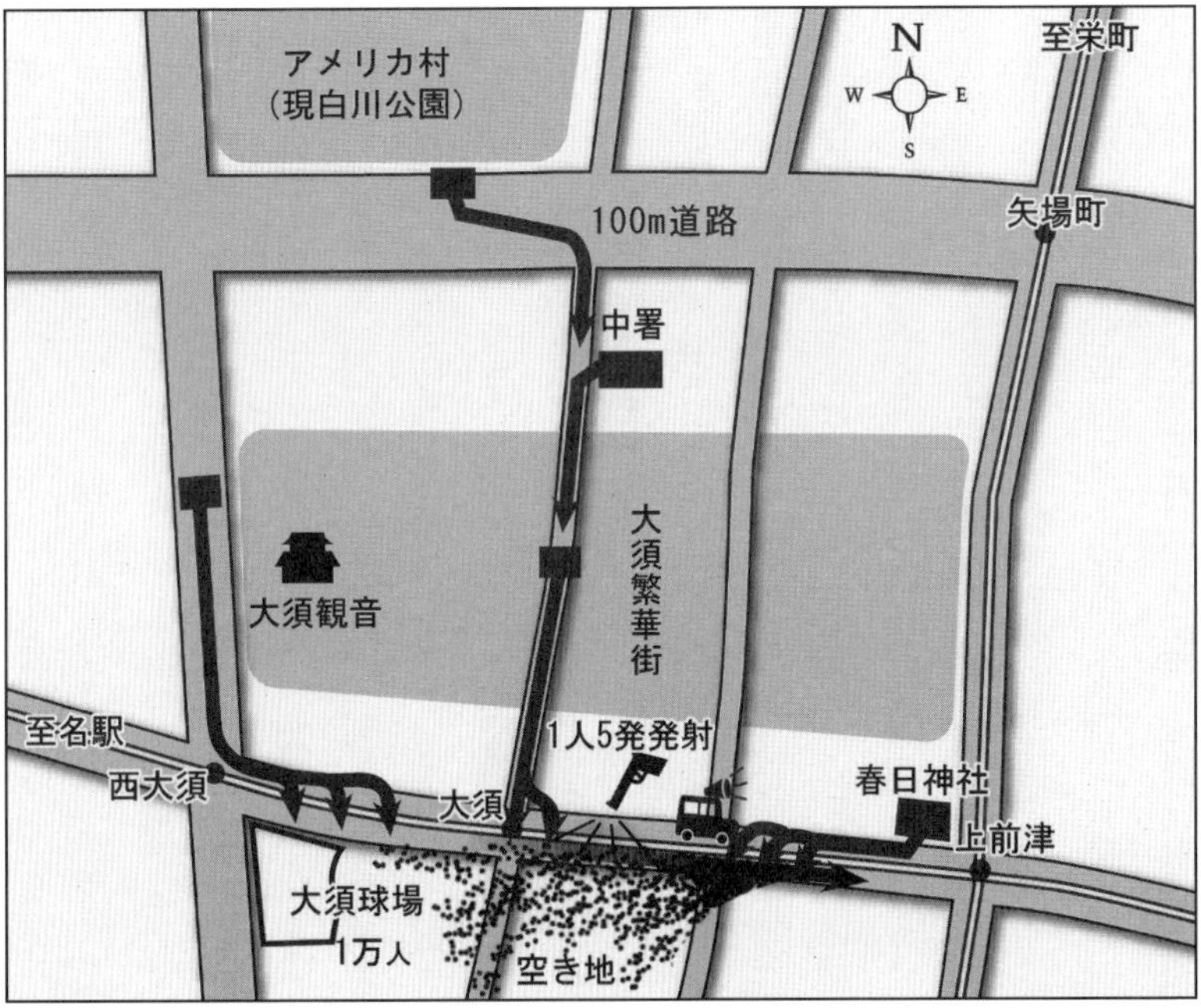

ろ向きに逃げていた申少年は一九歳だった。彼の母は、後に、彼の遺骨を持って、朝鮮民主主義人民共和国に帰国した。

武装警官隊四大隊八九〇人は、放送車内の火炎ビン発火と清水栄警視の拳銃連射という二つの合図を受けて、北側車道から南側車道のデモ隊に向けていっせい襲撃を開始した。

デモ開始五分三〇秒後　（一〇時〇〇分〜五分十五分三〇秒）

『第一審判決』は、警察放送車周辺において使用された火炎ビンを一七本と認定した。『第二審判決』『最高裁決定』も同じである。大須・岩井通り全体における火炎ビン使用本数は、上記のように、『第一審判決』二四本、被告・弁護団の『真実・写真』約二〇本である。全体の本数から見れば、一七本は実態に近い。その地点における使用比率は、一七／二四＝七一％である。

『上告趣意書』も認めているように、その使用形態と本数は、二つある。第一、放送車内の火炎ビン発火に挑発されて、南側車道上から放送車に向けて投擲した本数と、第二、清水栄警視拳銃連射と同時の武装警官隊八九〇人のいっせい襲撃に驚いて、北側車道上、または、市電軌道上に投げ捨てた本数を含む。『名古屋高検答弁書』が主張するように、三番目の使用携帯もある。第三、デモ隊は、警官隊に襲撃されたら、火炎ビン投擲で防御し、抵抗するという方針・認識で一致していたと推定し、火炎ビン使用者一八人の一部が、襲撃してきた警官隊に向けて投擲したと、名古屋高検は主張した。それも一部は事実であろう。『名古屋高検答弁書』とは、『第一審判決』を不服として名古屋高裁に出した『控訴趣意書』にたいする名古屋高検の反論文書である。

『第一審判決』は、放送車周辺における火炎ビン使用者を、一三本一一人と特定した。その内訳は、第一、放送車に向けた投擲を八本六人とした。第二、放送車付近道路上に投げた火炎ビン五本五人と認定した。デモ隊における使用者比率は、一一／一五〇〇＝〇・七％になり、一％にも満たない。もっとも、一三本一一人は、上記の一七本と食い違っている。いずれにしても、この実態が、警官隊八九〇人のいっせい襲撃の合法的な理由になりうるのか。また、大須・岩井通りにおける騒擾状況の成立要件になるのか。

デモ隊は一瞬にして崩壊した。拳銃を水平連射しつつ、短い警棒ならぬ「警杖＝長い六尺棒」を構えて、北側車道から同時襲撃を開始した武装警官隊八九〇人にたいして、デモ隊が立ち向かい乱闘するような状況はまったく起きなかった。これは、メーデー事件における警官隊とデモ隊との大乱闘発生状況と、大須・

岩井通り事件との決定的な違いの一つである。

地図四にあるように、デモ隊先頭にいた名大生隊列四〇人中の二、三〇人は、放送車の発火と消火にも気付かず、東進を続けた。先頭部分は、崩壊が数秒間遅れた。後部隊列の全面崩壊にもかかわらず進んだ距離は、『上告趣意書』によると、五mから二〇mだった。この事実は次のことを意味する。春日神社から前進待機していた早川大隊三七〇人の先頭となった山口中隊は、北側車道を西進し、計画的に、南側車道の名大生隊列と平行交叉した。山口中隊は、二つの襲撃合図とともに、北側車道側から、名大生の後を進んでいた朝鮮人祖国防衛委員会隊列に向けて総攻撃を開始した。その作戦目的は、事前計画・準備通りに、大須繁華街に逃げ込ませないで、あくまで、デモ隊を南方に追い散らす行動だった。

デモ開始六分後　（一〇時〇〇分～五分十六分）

清水栄警視の拳銃五発連射に引き続いて、山口中隊の四人が南方に崩壊したデモ隊目掛けて、拳銃を六発発射した。無差別の水平射撃によって、四人はデモ隊以外の周辺の人三人に命中させた。水平射撃とは、初めから、命中・射殺を意図した射ち方である。警官隊五人一一発の連射音を聞き、死者・負傷者が出たことによって、先頭残存の名大生隊列を含めて、デモ隊列は跡形もなくなった。警官隊は予定通り、南方に崩壊したデモ隊の掃討作戦段階に移行した。

名古屋地検羽中田次席検事ら三人は、名古屋地検検事正安井栄三の命令によって、名古屋市警中署に違法な事前出動していた。彼らは、騒擾罪発令のタイミングを謀っていた。名古屋市警宮崎四郎本部長が、自慢気な告白をしたように、検察庁の検事公安部長、次席検事が現場に出て居られて、生のニュースをパ

地図五　デモ開始六分後のデモ隊と警官隊

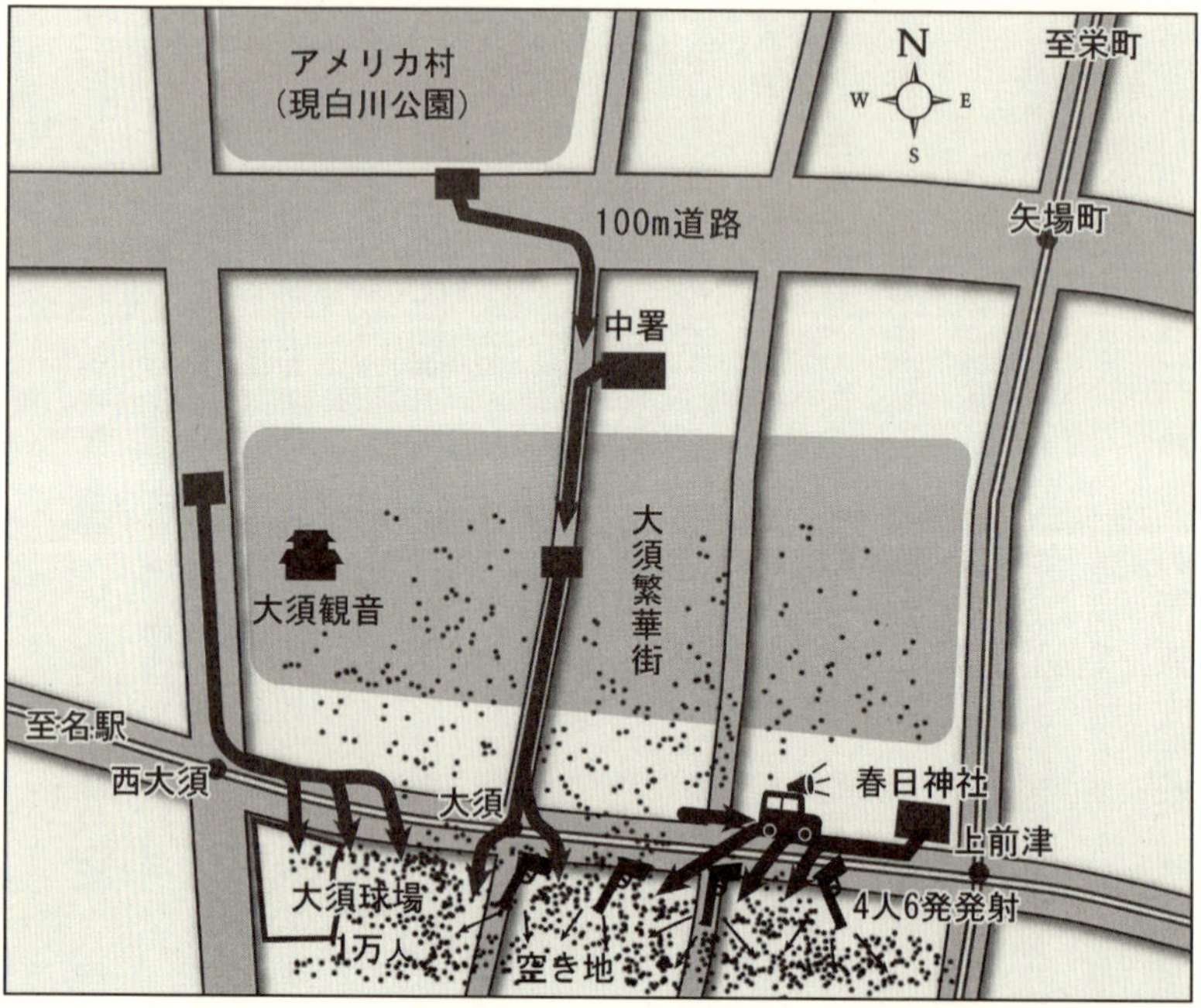

トロールカーから聞き乍ら事態の研究をされ、即座に騒擾罪の法条を適用されることを決定された。検事ら三人は、名古屋地検検事正安井栄三、東京で待機していた検事総長、名古屋高検藤原末作検事長と緊急連絡をしつつ、騒擾罪発令の状況判断を進めた。

　地図五に書いていないが、空き地以外は、歩道南北に商店が並んでいる。警官隊に追いかけられて、崩壊したデモ隊は、空き地や南方全域に逃げた。一部は、北方の大須繁華街に逃げ込んだ。

六、崩壊デモ隊員による投石・罵声などの散発的抵抗

デモ隊崩壊後の抵抗状況と騒擾罪発令

デモ隊一五〇〇人隊列、もしくは、最低でも二〇〇〇人隊列は、上記のように、一分間または数十秒間で崩壊した。一五、六m東進し再停車した警察放送車西方の北側車道上と市電軌道上には、投擲または、投げ捨てられた火炎ビン一三本の炎があった。これら炎の写真情景は、火炎ビン一三本程度の発火と判定できる。ただ、上記写真（『真実・写真』四六頁）以外の写真多数が証明するように、大須・岩井通り路上から、実弾六発装填拳銃と六尺棒を構えた警官隊九八〇人以外の人影は消えていた。これら警察放送車写真二枚を合成したでっち上げ写真問題とマスコミの国家権力犯罪加担責任という問題があるが、それは、第四部で分析する。

崩壊したとはいえ、警官隊の違法な先制攻撃にたいして、個々のデモ隊員たちが、強烈な憤りを抱いたのは当然だった。彼らは、南方空き地や大須繁華街において、個々人として、分散的に、投石や罵声を浴びせた。ただし、隊列を組み直して、投石などの抵抗する状況はまったく生れなかった。散発的な抵抗行為の存在については、被告・弁護団の全文書とも、当然の正当防衛行動として認めている。

『警察庁回想』が記す負傷者数は、警察官七一人、暴徒側一七人、一般人一八人である（二〇一頁）。警察・検察は、警官の負傷原因・程度などのデータを公表していない。『検察資料』、『第一審判決』、被告・弁護団文書も、なぜか双方の負傷者数値や負傷原因・程度をまるで載せていない。『メーデー事件に関する検察研究特別資料』は、拳銃発射警官名・発射数とともに、双方の負傷者数・程度を克明な（部外秘・表）で示した。警察官七一人負傷が事実とすれば、その原因は、デモ隊崩壊後の投石という抵抗行動によると思われる。武装警官隊八九〇人全員が、火炎ビン対策の薬品を携帯していたが、もし火炎ビンのガソリン・硫酸混合液を被った負傷ケースであれば、その数値と割合を公表しそうなものである。

デモ隊列崩壊の中で、日本人デモ隊員や朝鮮人祖国防衛委員会隊員たちは、清水栄警視によって射殺された半田高校生申聖浩の遺体を、祖国防衛委員会のバスに乗せ、警官隊の検問・包囲をかわしつつ、鶴舞の名古屋大医学部病院に運んだ。医学部の学生たちは、遺体を安置し、徹夜で守った。彼らは、警察の尋問にたいして、遺体を運んだ人の名前を明かすことを拒否することで抵抗した。それにたいする報復もあってか、名古屋大学生被告九人のうち、医学部学生関係は四人を占めた。

その状況において、検察庁三者は、緊急連絡を取り合って、午後一〇時三〇分、第三の騒擾罪適用を決断した。そして、名古屋市警全体に騒擾罪適用！　全員検挙！　の指令を発した（『真実・写真』一七頁）。三者とは、中署にいた羽中田次席検事ら三人、名古屋地検にいた安井検事正、東京で待機していた検事総長、名古屋高検藤原検事長らである。

警察・検察は、事件現場を保存する現場検証を、デモ隊員が一人もいなくなった大須・岩井通りにおいて、一〇時三五分から開始した（『真実・写真』一七頁）。もっとも、名古屋地検は、公判において、「騒擾は一一時三〇分迄続いた」と主張した。

『第一審判決』が認定する罵声とは、馬鹿野郎、税金泥棒、それでも日本人かなどである。警官隊は、「全員検挙！　全員検挙せよ！」の指令がパトカーから流れた中で、その罵声を発したことを理由として、抵抗発言をする者も検挙した。裁判官は、それらの罵声も騒擾罪の成立要因と認定した。

デモ隊列が数十秒間から一分間で完全崩壊した原因

変な言い方や余計な憶測とも言えるが、この事件経過において、デモ隊列側が、なぜ数十秒間から一分間で完全崩壊し、メーデー事件のような、警官隊にたいする大乱闘を起こさなかったのかという疑問も残る。というのも、共産党と朝鮮人祖国防衛委員会は、中署とアメリカ村への火炎ビン武装デモの計画と準備をしてきたからである。その武装行動の計画変更は、デモ開始の一時間前の午後九時頃に決定され、大須球場の現場に指令されたにすぎない。となると、デモ隊員一五〇〇人側が瞬時に崩壊したことについて、その原因をいくつか検討することも必要かと思われる。

第一原因　火炎ビン武装デモの計画・準備期間の短さ

火炎ビン武装デモの計画・準備が、共産党日本人細胞段階や朝鮮人祖国防衛委員会末端段階で具体化された期間は、わずか三日間しかなかった。火炎ビン製造を行なったのは、祖国防衛委員会における事前からの製造を除いて、一日前の七月六日だった。その短い期間では、中署・アメリカ村に火炎ビン攻撃をするより前の岩井通り地点において、武装警官隊と激突し、それを突破し、攻撃目標地点にまで到達するという思想的準備はまるでできていなかった。

デモ隊中心部分の実質は、三日間、または、一日で組織された速成の部隊だった。デモ隊の半分以上は、大須球場集会終了の瞬間に、名大生二人がデモに参加しよう！　と呼掛けたことで、初めて、デモをやることを知り、そのスローガンに賛同し、無届デモに加わった集会参加者だった。メーデー事件、吹田・枚方事件では、共産党が、メーデー・朝鮮戦争開戦二周年という特定月日に向けた武装闘争準備を、二カ月間以上もしてきた。

第二原因　火炎ビン携帯者の比率の少なさ

火炎ビン製造目標は二〇〇〇本だった。祖国防衛委員会は、五、六月から約六〇本を製造していた。しかし、共産党日本人八細胞が製造したのは、一日前で、約九五本だった。合計は一五五本である。『第一審判決』は、火炎ビン携帯を、四八本三三人と認定した（三六八頁）。デモ隊における火炎ビン携帯者の比率は、三三／一五〇〇＝二・二％である。これらの実態は、中署・アメリカ村火炎ビン攻撃部隊というレベルでなかった。

その三三人以外のデモ隊員は、武装警官隊が襲撃してきたら、乱闘で応えるというような武器を何一つ持っていなかった。メーデー事件では、火炎ビンがなかったので、共産党東京都軍事委員会は、人民広場突入方針に当って、警官隊との乱闘用の角材・プラカードを大量に持ち込むよう指令していた。大須事件では、火炎ビンが中心武器だったので、角材はごくわずかだった。また、武装警官隊大隊八九〇人が、デモ隊を北側車道からいっせい襲撃する計画と準備を完成させていたなどとは、想定もしていなかった。

第三原因　警官隊と乱闘をする思想的組織的中心としての中核自衛隊未結成

共産党名古屋市ビューローと軍事委員会は、武装闘争遂行の中軸部隊としての中核自衛隊を創っていなかった。以下は、私が、元名古屋市軍事委員長千田貞彦に直接聞いた証言である。彼は、五月三〇日金山橋事件で、六月九日に逮捕されるまで軍事委員長だった。大須事件一カ月前の時点において、名古屋市軍事委員会は非合法のピストル一丁も持っていなかった。また、党中央軍事委員会から、名古屋市に中核自衛隊を創れという指令もきていなかった。武装警官隊と激突し、乱闘するというような思想的組織的準備はなかった。六月九日までの時点で、火炎ビン製造法を示した「球根栽培法」などのパンフを軍事委員全員が読んではいたが、党中央軍事委員会からも、名古屋市ビューローからも、火炎ビンを製造せよという指令はなかった。七月五日名古屋市軍事委員会の隊長会議以前は、このような武装闘争レベルにあった。

メーデー事件では、共産党東京都軍事委員会は中核自衛隊を数百人規模で結成し、警官隊との激突を想定して、その軍事訓練も行っていた。それについては、東京都軍事委員で独立遊撃隊隊長だった宇佐美静治の具体的証言がある。

七、大須・岩井通りにおける騒擾状況の認否

デモ開始五分間・二五〇ｍの状況の認否

これは、通常の平和的デモだった。かけ声はあったが、じぐざぐ行進をしていない。武装警官隊は北側車道に姿を現していない。北側車道には、警察放送車一台だけが、無届デモだから解散しなさいと警告放送をしつつ、デモ隊のやや東前方を平行に東進していた。検察側、裁判所とも、この状況を騒擾罪に該当しないと明確に認めている。

放送車への火炎ビン二本投入と清水栄警視拳銃五発連射後における一分間の状況の認否

この時間は、数十秒、または、一分間である。武装警官隊四大隊八九〇人は、二つのいっせい襲撃合図と同時に、北側車道の三方面からデモ隊二五〇ｍ隊列に向って突撃した。五人一一発の拳銃連射音が鳴り響いた。警官隊全員が、長い警杖＝六尺棒を振りかざして襲いかかった。

抵抗の武器・火炎ビンを携帯していたのは、わずか三三人だった。彼らのうちの数人は、放送車に向けて投擲し、または、道路上に投げ捨てた。何の武器も持たない者は、一五〇〇―三三＝一四六七人いた。その比率は、一四六七／一五〇〇＝九八％になる。市電軌道を挟んだ距離は一〇ｍである。四列から八列で長く伸びたデモ隊列は、真横全面からの襲撃を受けて、その場では抵抗するすべもなかった。大須・岩井通り上の二五〇ｍ隊列は瞬時に崩壊した。

この数十秒、または、一分間において、大須・岩井通り二五〇ｍ上に騒擾罪適用といいうる状況など、まったく発生していない。この詳細は、四枚の地図とその事実認定で証明した通りである。

崩壊デモ隊員による散発的な投石・罵声などの抵抗状況の認否

デモ隊列は完全に崩れたが、違法な先制攻撃をした警官隊にたいして、投石・罵声などを浴びせる抵抗をした。それは、当然の正当防衛行動となり、その違法性は阻却される。投石といっても、あらかじめ用意した物でなく、空き地や周辺路上にあった石である。表十二の警官負傷七一人といっても、メーデー事件のような乱闘における負傷ではない。それは、投石が一つでも当たれば、負傷に数えたのではないか。罵声だけを理由とし、その場で検挙された者も多い。『第一審判決』なども、ことさらのように罵声内容を書き、騒擾罪適用の認定根拠の一つとした。

これらの散発的な抵抗は、午後一〇時三〇分頃まで続いたといえる。検察庁は、午後一〇時三〇分「騒擾罪適用！　全員検挙！」を発令した。武装警官隊九八〇人と私服刑事三班七五人は、その後も、大須・岩井通りの南北各二〇〇ｍを掃討範囲として、検挙活動を行った。

この時間帯における抵抗は、あくまで正当防衛行動である。よって、騒擾状況など発生していない。

表十二　騒擾状況発生の認否事項

時間	火炎ビン使用	投石	罵声	乱闘	死傷者
開始五分間	なし	なし	なし	なし	なし
一分間	一三～一七本	なし	なし	なし	拳銃死者一、負傷三
六分後以降	七～一一本	あり	あり	なし	デモ隊一七、警官七一

第四部　騒擾罪成立の原因（一）＝法廷内闘争の評価

一、刑事事件裁判史上最長の二六年間公判

公判分析、法廷内闘争の評価に関わると、法律用語を多用せざるをえない。分かりやすく書けとも言われているが、なかなか難しい。これを書いてみると、松川事件公判分析を長期間連載し続けた広津和郎の苦労の一端を理解できる気がする。

一九五二年七月二九日、名古屋地検は、逮捕者四〇〇余人中四五人を騒擾罪等で起訴した。それは、事件のわずか二二日後だった。九月一六日には、早くも、第一回公判を始めた。当初の弁護団は天野末治・桜井紀ら五人しかいなかった。彼らは全員が名古屋における共産党員弁護士だった。以後も、新しく逮捕・起訴される者、公判手続きに入る者が入り乱れながら、大須騒擾事件公判が異様な形で進行した。なぜなら、起訴者一五〇人が揃ったのは、翌一九五三年一二月だったからである。検察は、逮捕・起訴を継ぎ足しながら、なにがなんでも、騒擾罪裁判を開始しようと企んだ。その理由は、すでに始まっていたメーデー騒擾事件公判・吹田騒擾事件公判と並べて、同時並列的に三大騒擾事件裁判を展開し、武装闘争共産党をマスコミ・裁判を通じても、殲滅しようとしたことにある。三事件について、いずれも二〇年以上にわたっ

て、騒擾罪の武装闘争共産党、火炎瓶共産党という公判報道をマスコミに続けさせれば、国民の共産党認識がどう変わるかを読み込んだ壮大な謀略作戦だった。

最高裁は、検察側が上告をあきらめたメーデー事件を別として、大須事件の口頭弁論を開くことを拒絶し、上告棄却決定をした。騒擾罪裁判において、メーデー事件・吹田事件は無罪になったのに、大須事件だけが実刑五人を含めた九一人が有罪になった。

なぜ大須事件だけが有罪になったのか。その原因を二つに分けて検討する。

原因一　法廷内闘争の評価である。これは、この第四部で行う。法廷における主体は、検察側、被告・弁護団側、裁判所側の三者であり、それぞれの対応を分析する。

原因二　法廷内外闘争の欠陥だが、主として、外部からの大須事件裁判支援体制の誤りを分析する。具体的内容は、一九六四年の諸問題と宮本顕治の敵前逃亡犯罪を扱う。外部の誤りは、当然、法廷内闘争に直接的影響を与えた。それは、次の第五部で行う。

二六年間裁判の実態と違法性・合法性、問題点について、弁護団主張と最高裁決定は真っ向から対立した。

弁護団『上告趣意書』(一四〇二～一四〇四頁)

七月七日夜の出来事は短時間かつ比較的狭域での事件にすぎない。かかる事件の審理をいわば「複雑化」させた最大の原因は、何よりも警察側のデモ参加者一網打尽の逮捕に始まる乱起訴であり、さらに日本共産党、在日朝鮮人の民主的組織の破壊を企図してその組織の主要な地位にある者を何としても起訴しようとした政治的起訴である。

加えて、裁判遅延の原因として指摘せねばならないことは、検察側証人である捜査官の計画的偽証、物証を意図的に法廷に出さないということに端的に示された検察側の不当な立証態度である。

さらに、本件裁判遅延に関して、裁判進行につき主たる責任を負う裁判所側の訴訟指揮上の問題点を看過しえない。裁判所の訴訟指揮・審理態度の不当性は、被告人らが五回にもわたって忌避を申し立てざるをえなかった事実が如実に物語っているのである。

最高裁『上告棄却決定』（三二頁）

第一審裁判所は、第一回公判を開廷して以来、七九三回の公判を開き、一〇五回の公判期日外の証拠調、六回の検証、六二回の準備手続を行い、その間、延八一六名の証人を取り調べ、延一五六名の被告人質問を実施した。原審においても、一〇五回の公判が開かれ、延一〇〇名の証人尋問、延三七名の被告人質問を実施し、書証、証拠物の取調をしている。このような審理状況にかんがみると、本件においては相当程度の審理の長期化は肯認されるべきである。

さらにそれに加えて、被告人らにおいて執拗ないわゆる法廷闘争を展開したことも審理長期化の一因をなしていると認められるのである。すなわち、被告人らは第一審において五回、原審において二回裁判官に対する忌避申立をしており、その理由は、訴訟指揮、証拠の採否等に関連して不公平な裁判をするおそれがあるというものであるが、記録によれば、もともと忌避理由とはなしえないような事由をことさら申立てたものと認められるから、右申立による審理遅延の責は被告人らに帰せられるべきものである。

表十三　長期化した刑事事件裁判

事件	起訴罪名	裁判期間	最高裁	判決
大須事件	騒擾罪	二六年二カ月	弁護団上告の棄却決定	有罪九一人、内実刑五人
東大ポポロ事件	暴行罪	二一年	弁護団上告の棄却決定	有罪二人
愛知大学事件	不当逮捕罪	二〇年八カ月	弁護団上告の棄却決定	有罪だが、刑を免除
メーデー事件	騒擾罪	二〇年六カ月	検察が上告せず。なし	控訴審で無罪
大阪タクシー事件	贈賄罪	二〇年三カ月	？	？
吹田事件	騒擾罪	二〇年	検察上告の棄却決定	無罪

これらの事件は、タクシー事件を除いて、すべて一九五二年度に発生した。三大騒擾事件裁判は、いずれも二〇年を超えた。

二、公判における検察側と共産党側との力点の違い

公判における事実問題での六大争点

公判における基本争点は二つである。第一、刑法第一〇六条騒擾罪の法律解釈、適用可否は最大争点になった。第二、騒擾罪成立可否をする上での事実認定、または事実誤認の有無問題である。第一は法律問題であり、これをここで分析するのは難しい。第二の事実認定が適用可否の根拠となるので、大須事件では、事実誤認の有無問題に限定する。ただ、事実問題といっても、争点は多数ある。『上告趣意書・総論』

は、一五八三頁あり、数十点の争点に言及している。便宜上、六点に絞る。

この第四部では、メーデー事件・吹田事件・大須事件という三大騒擾事件の違いを比較しつつ、大須事件だけになぜ騒擾罪が成立したのかを検討する。ここでは、事件・裁判に関するエピソードも合わせて書く。

表十四　事実誤認有無問題での六大争点

六大争点	検察側の力点	共産党側の力点
一、早期保釈問題	◎　抗告三回	◎　要求三回
二、共産党による火炎ビン武装デモの計画と準備事実	◎　最大の力点	×　全面否認か沈黙
三、当夜における共産党の指揮・連絡体制	○	×　全面否認か沈黙
四、警察・検察による騒擾罪でっち上げの計画と準備事実	×　偽証、隠蔽	○　偽証、隠蔽のため立証不充分
五、警察放送車内の火炎ビン発火をめぐる諸事実	◎　名電報グループに焦点	◎　スパイ鵜飼照光の立証
六、清水栄警視の拳銃五発連射状況	×　清水警視を逃亡させる	◎　最大の力点

検察側の体制と力点

体制

第二部で分析したように、名古屋市警・名古屋地検は、事件前から意図的に、異様なまでの一体化を完成させていた。それは、警察の独立捜査権と、検察の一般指揮権という権限分離を違法に踏み外した検・警の癒着だった。しかも、名古屋地検—名古屋高検—最高検・検事総長という第三の騒擾罪でっち上げ目的の縦ルートを、事件前に確立させていた。

メーデー事件・吹田事件の『検察研究特別資料』(部外秘)において、東京地検・大阪地検側は、東京警視庁・大阪府警の不手際・ミスにたいして、何度も厳しい批判を書き連ねている。批判内容の実態は、事件前の検・警の癒着ができていなかったことを証明している。その点に関して、第三の騒擾事件としての大須事件は、他二事件と決定的に異なっている。検察庁・警察庁官僚は、五月一日メーデー事件、六月二五日吹田事件の教訓・問題点を徹底的に研究し、三度目の不手際・ミスを繰り返さないように、七月七日前までに、違法を承知で、瞬時に体制転換＝警察・検察の完全密着システム確立を謀った。

大須事件の『検察研究特別資料』(部外秘)において、名古屋地検は名古屋市警にたいする批判・不満を一言も書いていない。

力点

検察側は、争点一、二、五の立証を最大力点に据えた。とくに、共産党の火炎ビン武装デモの計画と準備実態を立証するために、四〇〇人を逮捕し、一五〇人を起訴し、克明な検事調書を作成した。狙いをつけた被告人からは、保釈を阻止した長期の未決勾留状態に閉じ込めて、何通もの検事調書を取った。名古屋地検は、名古屋高検・最高検の指示を受けつつ、共産党側の計画・準備、当夜の指揮・連絡体制さえ証明できれば、それが第三の騒擾罪でっち上げ作戦の半分以上を成功させる保証になると位置づけた。

大須事件が、メーデー事件・吹田事件と根本的に異なる点は、共産党による事前の計画と準備を、警察・検察がどこまで掴んだのかという問題である。他二事件は、いずれも共産党と朝鮮人祖国防衛委員会・祖防隊が、決まった月日に向けて、二カ月間以上の計画と準備をしてきた。

メーデー事件において、共産党による人民広場突入の一般的軍事方針はかなり前から判明していたにしても、東京都軍事委員会・都ビューローの具体的計画・準備実態、その人事体制について、警察・検察は掌握することができなかった。

吹田事件においても、警察・検察は、公判開始までに、共産党による火炎ビン武装デモの計画・準備実態、その人事体制について掴むことができなかった。彼らは、騒擾罪首魁として二人を逮捕・起訴したが、検事調書では、計画・準備の自供を得られなかった。公判途中で、首魁の一人とされた三帰省吾が検察側に転向し、法廷で共産党による火炎ビン武装デモの計画・準備の存在を陳述した。しかし、大阪地裁裁判長は、三帰省吾の公判証言が検事調書内容と異なり、任意性・信憑性に欠けるとして、法廷陳述の証拠採用を却下した。

メーデー事件公判・吹田事件公判において、検察側は、共産党による事前の軍事方針計画・準備に関して、共産党ビラ以外に、ほとんど人的証拠を提出できず、ただただ人民広場現場、吹田操車場・吹田駅構内・

大阪駅構内において、共産党が騒擾状況を発生させたという立証作戦に限定されざるをえなかった。しかし、それらの現状は、いずれも流れ解散状況にあったデモ隊にたいする警官隊の違法な先制攻撃・拳銃乱射を浮き彫りにしただけだった。

大須事件にたいし、検察庁・警察庁はそれだけに、メーデー事件・吹田事件という騒擾罪でっち上げ第一、第二作戦の失敗（無罪判決はまだ後）に懲りて、死に物狂いになって、共産党名古屋市軍事委員会による火炎ビン武装デモの計画・準備、当夜の指揮・連絡体制の証拠固め＝警察尋問調書・検事調書の作成に熱中したのである。

大須事件『検察研究特別資料』が明記しているように、名古屋地検は、公判が開始されれば、共産党員被告人たち全員が、自分の起訴事実を否認するであろうことを事前に予測していた。被告人が法廷で全面否認した場合でも、彼の検事調書内容が明白な証拠にできうることも読み込んだ公判維持作戦だった。もう一つの作戦も記している。それは、裁判所にたいする証拠申請において、被告人の検事調書だけにして、警察署における尋問調書を一切出さないことにした。その理由は、被告・弁護団は、必ずや取調べにおいて拷問・脅迫があったことを主張し、調書内容にある自白の任意性・信憑性がないという法廷闘争を執拗に展開するであろうから、それを事前に避ける法廷戦術に出たことである。警察尋問調書でなく、検事調書なら、被告人供述に任意性があったと答弁できるからである。第一審法廷は、まさに検察側作戦の予想通りの展開になった。その法廷内問答も、被告人と検事らの個人名まで挙げて詳細に書いている。

争点四、五、六における警察・検察側の弱点・問題点に関して、警察・検察は、徹底した偽証・証拠隠蔽作戦を行った。マスコミに火炎ビン発火の合成写真を載せさせるなど、証拠のねつ造までも行った。これらの内容は下記で分析する。これら警察・検察の行為は、まさに、法廷における国家権力犯罪と言える。

共産党側の体制と力点

体制

一、被告団

共産党名電報細胞長片山博被告を被告団常任に置いたのは、事件一年後の一九五三年六月だった。それまでは専従者もいないという体制だった。事件から一年八カ月後になって、名古屋地検の被告人保釈の絶対阻止方針と三回もたたかって、ようやく被告全員の保釈を勝ち取った。共産党名古屋市ビューロー・キャップ永田末男が被告団長になった。しかし、宮本顕治は、一九六五年六月、大須事件裁判闘争方針をめぐる意見の対立を真の理由として、永田末男と共産党愛日地区委員長酒井博を除名した。さらに、一九六六年四月、被除名者・永田末男の被告団長を解任し、名古屋市軍事委員長芝野一三に変更した。これらの動向は、「第一審の騒擾罪有罪判決」が出た一九六九年一一月の四年前だった。

それ以前の一九六一年、宮本顕治は、名電報細胞軍事担当山田順造を除名していた。これは、六一年綱領をめぐる意見の対立によるものである。これらは、大須事件公判と支援体制に直接のマイナス影響を与えた。この詳細については、第五部、騒擾罪成立の原因（二）、一九六四年の諸問題と宮本顕治の敵前逃亡犯罪で検討する。

メーデー事件公判・吹田事件公判で、共産党中央と宮本顕治の裁判闘争方針を公然と批判した被告人は出なかった。三大騒擾事件裁判において、その批判を直接の真因として、宮本顕治が除名したのは、大須事件の二人だけである。メーデー事件における党中央役員岩田英一除名は別件を理由とした。吹田事件の三帰省吾除名は、彼が検察側に転向したことが理由である。大須事件の共産党愛日地区軍事委員・鵜飼照光は、警察スパイだったことが除名理由だった。

大須事件裁判において、永田末男・酒井博は、公判、および、被告・弁護団会議において、宮本顕治批判・野坂参三批判を行った。永田末男は、第七回大会で大須・岩井通り火炎ビン武装デモの党中央指令者・岩林虎之助を強烈に批判し、彼の個人責任を暴露した。しかし、二人とも、公判、および、『控訴趣意書』『上告趣意書』の「個人別各論」において、警察・検察の騒擾罪でっち上げ策謀にたいし厳しい批判を展開している。永田末男の両趣意書・各論は、全被告人個人別各論の中でも、一番長く、理論内容も高い。彼ら二人は、警察・検察の騒擾罪でっち上げの国家権力犯罪にたいし、被告団の先頭に立ってたたかうとともに、その一方で、宮本顕治の除名報復と敵前逃亡という党内犯罪ともたたかうという二重の複雑な闘争を強いられた。

大須事件被告団は、共産党員被告団長と地区委員長の二人が宮本顕治批判・野坂参三批判を公然と展開しつつ、公判闘争を行ったという面で、メーデー事件被告団・吹田事件被告団と根本的に異なる。

二、弁護団

第一審公判が始まった一九五二年九月一六日時点の大須事件弁護団は五人だった。五人だけで被告一五〇人の弁護をし、検察・裁判所との公判闘争をやらざるをえなかった。事件一年四カ月後の一九五三年一一月、弁護団・国民救援会を含む大須事件対策委員会が発足した。第二審の常任弁護団は二一人、最高裁への『上告趣意書』作成に当った常任弁護団は三三人になった（『大須事件五〇周年記念文集』一二六～一五六頁、以下『文集』とする）。

ちなみに、メーデー事件の第一審第一回統一公判は、分離公判問題の闘争を経て、一九五三年二月四日に始まったが、その弁護団は三七人に達した（『メーデー事件裁判闘争史』七七四頁）。

第一審当初の弁護団五人は、名古屋市における天野末治弁護士を弁護団長とし、党中央軍事委員岩林虎之助にアジトを提供していた桜井紀弁護士らであり、全員が自由法曹団所属の共産党員だった。岩林虎之助は、中日本ビューロー員として、中部全県において武装闘争を激発させる任務を帯びて、愛知県を拠点として活動していた。彼は、永田末男、芝野一三を「東京と大阪でやったのに、なぜ名古屋でやらんのか」と叱責し、大須・岩井通りにおける火炎ビン武装デモ遂行を党中央軍事委員会決定として命令・強要した。彼は、事件後、ただちに東京に逃げ帰って逮捕を免れた。彼の名古屋市滞在と武装闘争激発任務を知っているのは、永田末男・芝野一三と桜井紀弁護士だけだったが、三人とも党中央軍事委員を防衛して、岩林虎之助を逮捕から守った。

これにまつわるエピソードが二つある。

エピソード一　一九五五年七月の六全協は、共産党の武装闘争にかんし、極左冒険主義というイデオロギー的誤りだけを認めた。しかし、一、軍事委員長志田重男、二、ソ中両党秘密指名で指導部に復帰できたばかりの常任幹部会責任者宮本顕治、三、第一書記野坂参三ら六全協指導部三人は、ソ中両党による「武装闘争実態の具体的総括を禁止する、その公表も禁止する」という国際的秘密命令に隷従した。一九五八年の第七回大会は、表面で極左冒険主義の誤りを二行だけ書いて、六全協を追認した。しかし、武装闘争の実態について一言も触れないままで、裏面において党中央委員の選出にあたり、「極左冒険主義の誤り指導に関与した者を選ばない」という役員選考の秘密基準を決めた。

ところが、志田重男直系の党中央軍事委員岩林虎之助は、第七回大会の党中央委員機関推薦リストに載って登場した。永田末男は愛知県選出の党大会代議員として参加していた。彼は大須事件裁判における保釈中の被告人だった。片や火炎ビン武装デモをやれと叱責し、強要した岩林虎之助は東京に逃げ帰り、大須事件武装闘争命令に関してなんの自己批判も発言しないままで、党中央役員に推薦されて平然としていた。永田末男は、岩林虎之助の大須事件における言動を暴露・批判した。岩林虎之助は党中央役員の機関推薦を取り消された。宮本顕治は、党中央批判者の言動を執念深く記憶し、なんらかの機会をとらえて、批判・異論者にたいする報復・排斥をする体質を持つ人間として有名である。この永田末男の行動も、一九六五年の永田除名の遠因をなしている。

エピソード二　宮本顕治は、自ら発令した一九六一年元名電報細胞軍事担当山田順造除名、一九六五年永田末男被告団長除名・愛日地区委員長酒井博除名によって、被告・弁護団内の混乱・動揺を発生させた。それを放置すれば、大須事件公判において、党中央指令を貫徹させられないと怯えた。永田末男が、公判において、いつなんどき共産党中央の武装闘争方針と岩林虎之助の具体的指令を全面暴露するかもしれないと恐れた。彼が考えた一手は、党中央から宮本顕治に絶対忠誠を誓う弁護士を大須事件弁護団に派遣することだった。彼は、その白羽の矢を、岩間正男参議院議員秘書をしていた伊藤泰方に当てた。伊藤泰方弁護士は、即座に名古屋市に行き、第一審公判の終盤から、天野弁護団長に代わって、実質的に宮本顕治直系の大須事件弁護団長になった。

もちろん、伊藤弁護士は、警察・検察の騒擾罪でっち上げ犯罪にたいして献身的にたたかった。その指導力も発揮し、難しい被告・弁護団が分裂しないよう努力した。その面での、彼の功績は高く評価できる。しかし、他の一面で、宮本顕治指令の裁判闘争方針の枠に拘束され、永田末男・酒井博の言動を制約した。このテーマの詳細は、下記、または、第五部でのべる。

三、共産党中央、愛知県常任委員会、被告・弁護団内の共産党グループ

大須・岩井通りにおける火炎ビン武装デモの計画・準備をし、実行したのは、武装闘争共産党そのものだった。ところが、騒擾罪裁判が始まっても、五全協共産党中央は、なんの支援体制もとらなかった。六全協共産党中央も、ソ中両党の国際的秘密指令に隷従したので、その支援をしなかった。一九五八年第七回大会は、初めて支援決議をした。しかし、具体的支援運動・体制強化をやらなかった。公判闘争の運動や弁護体制は、事件の被告・弁護団内の共産党グループと、都道府県委員会の事件担当常任委員に丸投げされた。この実態は、三大騒擾事件公判のすべてにおいて共通している。六全協を契機として、三大騒擾事件被告団からは、党中央にたいし、「武装闘争の実態を公表せよ」という批判・要求が強烈に出された。しかし、宮本顕治・野坂参三はその要求を拒絶した。

しかし一方、その裏側で、宮本顕治らは、「武装闘争の実態について具体的総括を禁止する、その公表

も禁止する」という国際的秘密命令を、騒擾事件裁判においても厳守するよう、都道府県委員会に指令した。この禁止指令の存在については、不破哲三が、『日本共産党にたいする干渉と内通の記録—ソ連共産党秘密文書から』（新日本出版社、一九九三年、三六三頁）において証言した。宮本顕治は、五全協途中から、フルシチョフ・毛沢東らの人事指令のおかげで、党中央指導部に復帰できたばかりだった。彼の言動は、この時期、ソ中両党命令に全面的に隷従し、大須事件における真実に基づく裁判闘争を阻止し、破壊した。そのため、被告・弁護団は、公判において、武装闘争の計画・準備に関し、全面否認、もしくは、沈黙・反論せずという態度をとらざるをえなかった。

ところが、一九六七年七月から、宮本顕治は、武装闘争参加党員数万人と武装闘争による刑事裁判被告人数千人を切り捨て、見殺しにする敵前逃亡の言動を始めた。党は当時分裂していて、当時の方針は党の方針とはいえないから、現在の党には責任もないし、関係もないと発言した。その論旨を毎年のように発言し続けた。この言動には三重の誤りがある。

第一、上記の党員たちを切り捨て、見殺しにする敵前逃亡である。この発言に怒って、多くの党員が離党した。

第二、この発言内容は、党史に関する宮本顕治の偽造・歪曲である。

第三、宮本発言は、全党内に、武装闘争問題の総括・発言を禁止し、関係者全員に沈黙を強要した。愛知県党内においては、大須事件について語ることそのものをタブー化した。党県・地区機関が、大須事件裁判や支援諸集会に動員をかけることもさせなかった。

永田末男被告人が、公判において強烈に宮本顕治批判を展開したのは当然だった。とくに、第三の党内犯罪について、私は、一九六二年・二五歳から一九七七年・四〇歳にかけての一五年間、名古屋市民青地区委員長→共産党名古屋市中北地区常任委員・五つのブロック責任者（＝現在での五つの地区委員長）→共産党愛知県委員会選対部員をしてきたという体験から、具体的に証言できる。これらの解明は『第五部』で行う。

力点

争点一の全員保釈を強力に主張・要求した。名古屋地裁竹田裁判長は、三回とも認めた。名古屋地検はその都度、保釈決定取消の抗告をした。名古屋高裁は、抗告を二回認めて、被告人の長期未決勾留継続を決定した。

争点二、三という火炎ビン武装デモの計画・準備、当夜の指導・連絡体制については、全面否認、または、無反論・沈黙をした。メーデー事件・吹田事件においても、当然、共産党側の二カ月間以上にわたる計画・準備と体制が存在した。しかし、警察・検察は、その具体的実態や人的証拠を、起訴前に掴むことができなかった。せいぜい、法廷に提出できた物的証拠は、多数の共産党ビラとか文書類だけだった。この面で、大須事件公判は、先行した騒擾二事件公判とまったく異なっていた。この決定的相違にたいして、全面否認、または、反論せず・沈黙するという力点＝公判戦略が、はたして正しかったのかという問題点が浮上する。

争点四、五、六を、大須・岩井通り事件現場における警察・検察側の弱点として徹底的に追及した。メーデー事件公判・吹田事件公判においては、現場の騒擾状況存否の事実認定のみが、ほとんど唯一の争点となった。それにたいして、大須騒擾事件公判は、二大争点群を抱えた。

共産党側による武装闘争の計画・準備事実にたいし、また、火炎ビン武装デモ実行事実にたいし、法廷内外の場で、反論せず、沈黙し、警察・検察側の謀略側面の暴露だけを大宣伝してたたかうという力点の置き方は正しいのか。大須事件に関する検察側と共産党側双方の攻防内容は次で分析する。これら力点の置き方が騒擾罪判決にどう表れたのかという効果は最後に評価をする。

三、事実認定問題をめぐる六大争点と双方の攻防

事実問題については、第一〜三部で詳しく書いた。以下は、その重複部分を避けるとともに、法廷における検察側と被告・弁護団＝共産党側の攻防のみを中心にする。第一審常任弁護団と第一審終盤から加わった伊藤弁護士ら六人は全員が共産党員だった。被告一五〇人中、首魁として起訴された被告も、朝鮮人祖国防衛委員を含めて、全員が日本共産党員である。もちろん、被告には共産党員でない人も一部いるが、公判闘争の攻防は、完全に共産党中央・愛知県常任委員会と被告・弁護団の共産党グループ指導部が事前決定した方針に基づいて行なわれた。

私は、この事実認識と名古屋市民青専従・愛知県共産党専従一五年間の実体験から、かつ、愛知県委員会事務所・あかつき会館三階会議室における被告・弁護団グループ会議開催を何度も目撃している体験によって、被告・弁護団の公判方針は、すなわち共産党の方針であるという判断をしている。よって、以下の文中でも、随時、被告・弁護団と書かず、共産党は、とする。ただ、一九六五年、共産党が永田末男・

酒井博を除名し、永田末男の被告団長を解任した後では、被告・弁護団内に複雑な状況が発生したことも事実である。

争点一　早期保釈問題

早期保釈問題は、公判冒頭における最大争点になった。警察・検察は、被告一五〇人を長期未決勾留状態に据え置いたままで、騒擾罪立証のために、膨大な警察尋問調書と検事調書を積み上げようと企んだ。被告・弁護団は、独房勾留の人権侵害追及とともに、全員保釈による意志統一のために、裁判所に保釈申請をした。

名古屋地裁竹田裁判長は、保釈されていなかった被告九人保釈申請の三回とも許可決定をした。名古屋地検は、その都度、決定取消の検事抗告を出した。名古屋高裁は、最初二回の保釈決定を取り消した。抗告理由は、首魁九人の影響力が強く、彼らを保釈すれば、証拠湮滅を謀る危険性が高い、というものである。『検察研究特別資料』は、二八一頁あり、その副題は「対権力闘争事犯公判手続上の諸問題」となっている。名古屋地検は、そこにおいて、七五頁・二七％も費やして、検察側抗告文書全文・解説と高裁の取消決定全文を載せている。この保釈闘争は、長期未決勾留期間中に、騒擾罪の事実認定証拠を歪曲し、でっち上げようとした検察側との最初のたたかいだった。

一九五四年三月一二日、その後起訴された永田被告を加えて、最後の一〇人が三度目の決定で保釈された。これは、事件発生から一年八カ月後だった（『文集』一四三頁）。

『第一審判決』は、実刑五人について、未決勾留日数を刑期に算入するとした。それによれば、芝野一

三 五〇〇日、渡辺鉱二 四五〇日、金泰杏三五〇日、永田末男一〇〇日、閔南採八〇日である。日数の違いは検挙日からの期間を示す。有罪・執行猶予判決の被告人も長期勾留されたケースが多い。

メーデー事件公判において、被告全員の保釈を勝ち取ったのは、一九五三年四月二〇日だった（『メーデー事件裁判闘争史』七七五頁）。事件発生から一一カ月後である。大須事件公判において、検察側がこのように露骨な保釈絶対阻止作戦に出たことからも、先行二事件の教訓・問題点をただちに学習し、なんとしてでも、第三の騒擾事件公判を失敗させてはならないとした検察庁・警察庁の意気込みと必死さがうかがえる。

大須事件被告二人の勾留執行一時停止問題のエピソードがある。

エピソード一 『検察研究特別資料』は次の事実を記した。被告人中、騒擾首魁兵藤鉱二と、騒擾指揮岩田弘とは、共に名古屋大学経済学部旧制三年在学中であった。ところが、その頃たまたま卒業試験期となり、二人共卒業資格を得るためには、なお数科目ずつの受験を必要としたため、三月初旬より中旬に亘って施行される試験期間のみ、勾留執行停止を求めていた。検察官はこれに対して反対の意見を述べたが、裁判所は大学側に照会して、受験科目、卒業見込等について調査を進め、更に経済学部長の説明をも聴いた上、三月五日から十七日までの十三日間、二人共の勾留執行を停止した。兵藤は、日共・市ビューローの軍事委員であり、岩田は名古屋大学細胞経済学部班キャップであって、こうした地位から考えると、確実に帰って来るかどうか疑いがない訳でなかったが、彼らは一応十七日にその試験を終えて、再び勾留に服した（六二頁）。これも、公判闘争の一つとして勝ち取ったものである。

エピソード二 水田洋名古屋大学名誉教授は、その後日談を話した。以下は、私が水田教授に、彼らは無事に卒業できたのですかと直接聞いた内容である。水田洋は、大須事件三年前の一九四九年末の発令で、三〇歳で名大法経学部に助教授として着任した。二人の勾留執行停止時期は、一九五三年だった。経済学部では、卒論が必須科目で、その審査に合格しないと卒業できない。二人とも卒論を提出したが、どの教授も大須事件首魁と騒擾指揮者の卒論審査に尻込みをした。当時の経済学部は、近代経済学者が圧倒的で、マルクス主義経済学者は、経済学史担当の水田助教授ぐらいしかいなかった。彼は、ゼミ生でもない二人の卒論審査を引き受けた。彼は合格決定を出した。教授会は、水田助教授の報告を聞いて、二人の卒業を認定した。

争点二　共産党による火炎ビン武装デモの計画と準備事実

検察側は、第一部で書いたように、共産党による計画・準備事実の立証を最重点とした。白鳥事件と同じく、事前の計画・準備＝共同謀議事実の立証によって、大須騒擾事件においても、騒擾罪を成立させる裁判長心証の半分以上を勝ち取れると考えた。その公判作戦は、先行中のメーデー騒擾事件公判・吹田騒擾事件公判において、共産党の事前計画・準備事実をまるで立証できていず、現場状況の事実認定のみで公判維持をせざるをえないことへの不安とあせりの反動によるものといえる。そのために、長期未決勾留中に自供させた大量の検事調書の内、検察側にとって都合のいい調書のみ数百通を証拠請求した。都合の悪い検事調書は証拠請求せず、隠蔽する作戦をとった。

共産党側は、検察側が冒頭陳述した計画・準備事実の起訴状内容にたいし、被告・弁護団に全面否認、沈黙・反論せずという公判方針を採るよう指令した。被告一五〇人全員にも個々人の起訴事実の認否において、全面否認をするよう指示した。検察側にとって、共産党の公判対応は、想定内のことで、その場合、検事調書内容が具体的証拠として裁判長ら裁判官三人の心証の事実認定材料にできることを読み込んでいた。

弁護団『控訴趣意書』（一九七〇年一一月一一日）は、原判決が認定した『被告人等の計画・準備』に関する事実は、原判決の認定をそのまま是認するとしても〜、としただけで、それは当夜のデモ隊自体と異なるという主張をした（二一三〜二一四頁）。計画・準備事実に対する具体的反論を一切していない。

元被告団長・被除名者永田末男『控訴趣意書』は、被告有志五人『控訴趣意書』（一九七〇年一一月）一一八頁の冒頭にあり、九七頁・八二％を占める。彼は、騒擾罪適用の誤り、事実誤認について、検察側と『第一審判決』を徹底的に批判している。彼は、そこで、判決はもっぱら被告人らの自供調書だけによって、われわれの計画・指令・準備を認定し、それによって当夜の騒擾事件が起ったとしている。しかるに名古屋市警察本部の事前の周到な弾圧計画については〜、として、警察・検察の計画・準備内容を追及している。しかし、除名されてはいるが、共産党側の計画・準備事実の起訴事実、第一審判決の計画・準備認定事実にたいして、具体的な反論を何一つしていない。

弁護団『上告趣意書』（一九七五年・あ第七八七号）は、第二章第一節、デモの形成と出発（四四〜八六頁）を書いているが、共産党の火炎ビン武装デモ計画・準備について、一言も触れないという公判作戦をとった。ただ、第二に火炎ビンを用意すること自体は、なんら刑罰法規にふれるものではなく〜、と書いた以外、計画・準備に関する検察側起訴事実、第一審判決認定事実、第二審判決認定事実にたいする反論をせず、沈黙した。

『第一審判決』『控訴審判決』『最高裁決定』とも、共産党側が計画・準備事実にたいし反論せず、沈黙するという公判方針をとったので、検察側起訴状内容通りの事実認定を下した。共産党のそのような公判方針は正しいのか。

争点三　当夜における共産党の指揮・連絡体制

検察側は、第三部に書いたように、共産党の指揮・連絡体制を、多数の検事調書を証拠として、冒頭陳述をした。ただ、軍事委員長芝野一三が大須球場内の現地指導部にいたとした。

『第一審判決』は、検事調書を証拠採用し、検察側主張通りの事実認定を下した。デモ隊進路計画の変更を認めた。ピケ隊による警官隊配置情報とそれによる地下指導部の変更指令の存在、大須球場内現地指導部への指令連絡事実を認定した。

共産党側はそのいくつかに反論した。しかし、『控訴趣意書』と『上告趣意書』を見る限り、その二つにおいていくつかの方針転換がある。それは、第一審と控訴審との間で、または、最高裁上告にあたって、共産党側がこの争点に関して公判方針を転換したことになる。その理由は何か。共産党の方針転換には謎が多い。以下は細部のテーマのように見えるが、裁判長心証に与えた影響は大きいと考えるので、詳しく検討する。裁判長ら三人の裁判官が、いずれの主張を事件の真実と判定したのかにかかわる事実問題だからである。

デモ隊の方針・進路変更問題

『控訴趣意書』は、デモ隊が中署とアメリカ村にたいする火炎ビン武装デモをするという当初方針そのものの存在を全面否認した。進路変更指令についても、被告人の検事調書内容の信憑性を否定し、証拠がないと否認した。最初から上前津交叉点に向けての平和デモ方針だったと主張した。しかし、その主張では、最低でも二〇〇〇人のデモ隊の中に、火炎ビン携帯が四八本・三三人あったことの説明がつかない。そこで、火炎ビン携帯・使用問題は沈黙した。

『上告趣意書』は、デモ隊が中署とアメリカ村に行くという当初方針だったことを認め、第一審方針を転換した。また、火炎ビンを用意すること自体は、なんら刑罰法規にふれるものではなく…、と火炎ビン用意を認める方針に転換した。もちろん、その転換は、火炎ビン武装デモ隊だったことを認めていない。しかし、この部分的な転換範囲だけでは、火炎ビン携帯・使用事実にたいする裁判長心証形成への説得力を持たない。

火炎ビン携帯問題

永田末男「第一審・最終意見陳述要旨」(一九六九年三月一四日)は、予想される官憲の弾圧には、貧弱な火炎ビンをもって身を守るという程度のことにすぎなかった(一〇頁)と、デモ隊の火炎ビン携帯事実を明白に認める陳述をした。

永田末男「被告人の上告趣意」(一九七六年一〇月二九日)は、火炎ビンについても、私は全部球場に捨てるよう芝野被告に指示した。この点について、芝野被告の記憶がアヤフヤであるからといって、私が指示しなかったと、いうことにはならない（四三頁）とし、当初火炎ビン準備と携帯指令があったことを証言した。

芝野一三、「上告趣意」（一九七五・あ・第七八七号）は、私に関連するのはその一部のものでその人達に当夜私のなしたことは、デモ行進は、上前津を経て金山へ向い、そこで流れ解散をする。そのことを永田氏から指示を受け伝えただけのことである（一頁）とした。それは、永田末男の火炎ビンを全部球場に捨てる指令の存在を、記憶がアヤフヤという言い方によって否認したことである。永田証言を認めれば、芝野一三も火炎ビンの準備と球場持ち込み事実を認めることになる。芝野一三被告団長は、共産党の方針に服従して、永田証言を否定した。裁判長ら三人は、どちらの証言を真実と認定するのだろうか。

第二地下指導部の存在と八木旅館問題

検察側も三つの裁判所判決とも、第二地下指導部の存在と八木旅館について、一言も触れていない。永田ら五人の地下指導部と大須球場内現地指導部との間の情報収集・指令ルートだけにした。そして、芝野一三は現地指導部にいたとした。

弁護団「控訴趣意書」は、芝野一三が球場にいたという証拠がないとだけ反論した。大須事件パンフのすべてが、芝野一三は球場に行っていない。アリバイがある。居ない者を有罪にした、と宣伝した。『真実・写真』（一九八〇年）も、芝野一三被告団長は、大須球場にも現場にもいっていない。アリバイがある（四二頁）と主張した。ところが、どの場所にいたのか、どういうアリバイなのかについて、沈黙した。これでは意味不明で、裁判長心証形成になんの効果も挙げ得ない。この問題は小さなテーマにも見えるが、詳しく検証する。というのも、共産党＝被告・弁護団は、有罪判決が誤りと大宣伝する上で最大の論拠の一つとしてきたからである。

弁護団『上告趣意書』は、この芝野一三アリバイ有無問題について、一言も触れず、沈黙した。

永田末男『被告人の上告趣意』は、判決では被告人芝野は球場の現地指導部へ行き、色々協議をとげたことになっているが、これは事実に反し、絶対にありえないと断言する。彼は当時の日共名古屋市指導部のいわゆるビューロー員の一人であり、他の指導部員同様、非公然活動に携っていたものであって、直接大須球場内へ出向いて指示を与えるようなことはタブーだったからである。迂遠でもレポーターを使ってしか下部への連絡はできないからである（四三頁）と、第二地下指導部の存在とそこからの芝野一三による大須球場への連絡事実を明言した。

芝野一三『上告趣意』によれば、上前津を経て金山へ向うコースであるなら警官の妨害は避けられ無事金山で解散できるものと思いこんでいたからこそ、前記伝達を終え、集会場から離れた八木旅館で、冗談を交えた雑談をする心の余裕と時間があった。

八木旅館で福田氏を介して指示を伝達し、無事任務を終え雑談を交し安堵していたのに、判決によるとその頃もう一人の自分が集会場で、警官隊に対して火焔瓶をもって抵抗することを協議決定していたと云うのだからこんなひどい話はない（二頁）と、第二地下指導部の存在とともに、それが八木旅館にあったことを証言した。

この八木旅館＝第二地下指導部の存在問題については、一九七五年「上告趣意書」提出にいたるまで、被告・弁護団は完全に沈黙してきた。被告・弁護団は、芝野一三は現地に行っていない。アリバイがあると主張しただけだった。警察・検察も八木旅館に触れていない。警察・検察がそれを知らなかったはずがない。事件から二三年も経ってから、芝野一三軍事委員長が初めて自己の『上告趣意』で証言した。なぜ二三年間も黙っていたのか。八木旅館問題は、双方にとってそれほど重大な秘密事項＝タブーだったのか。これも大須事件の謎の一つである。

千田貞彦元名古屋市軍事委員長は、この謎を解くカギの一つを証言した。彼は、大須事件一カ月前の六月九日、金山橋事件の主犯として逮捕されるまで、軍事委員長だった。以下は、私が彼から直接聞いた内容である。八木旅館とは、大須球場の近くにあり、大須古物商高島三吉が関係する旅館だった。彼は、古物商と同時に、名古屋地方を掌握する香具師の大物だった。それは、名古屋市における縁日他の全露店を管理する裏側の仕事である。彼は、若いとき、左翼運動にかかわっており、その頃の名古屋市古参党員指導者たちと知りあっていた。

当夜の大須事件地下指導部場所は、大須球場から離れていた。よって、地下指導部は、球場内の動向・雰囲気を刻々と掴む目的とともに、その指令、または方針変更を球場内に伝達するためにも、球場近くのアジト＝旅館に設置する第二地下指導部場所を必要とした。それを八木旅館に決定した。その発想は、警察・検察が、中署は球場から遠すぎるので、球場内を直接観察できる民家二階を借りて、警官隊四人を配備したのと同じである。かくして、共産党側と警察・検察側とも、球場に近い第二アジトを設営した。

共産党側は、公判において、永田末男ら地下指導部の存在と場所に関する検察側の起訴事実内容にたいし一言も反論せず、沈黙＝是認した。一方、芝野一三が球場に行っていない。アリバイがあると反論したが、八木旅館問題は沈黙した。共産党側の全公判資料・全パンフにおいて、何も触れず、それを明言したのは、二三年後の芝野一三自身による「上告趣意」一つしかない。

検察側も、第二地下指導部場所＝八木旅館の存在を知っていたのに、その旅館に触れず、芝野一三を球場内にいたと事実のねつ造をした。というのも、第一と第二地下指導部の連絡員は、明和高校細胞ピケ班の被告人岩原靖幸・一八歳だけであり、彼は八木旅館に球場内情報連絡と地下指導部指令伝達などで往復している。八木旅館と球場内指導部との情報収集・指令伝達ルートは、愛知県軍事委員福田であり、岩原靖幸は球場に行っていない。ところが、彼の検事調書内容は、三通とも現地指導部の芝野一三に伝達したと変造されている（「控訴趣意書」二一五頁）。これは、検察側がねつ造したのか、彼を脅迫して、八木旅館名を抹殺したとも考えられる。

検察側と共産党側の両者ともが、八木旅館名を抹殺した理由は一つしかない。それは、八木旅館名をさらけ出すことによって、名古屋地方を掌握する香具師大物高島三吉を大須事件に巻き込み、彼に迷惑をかける、あるいは、彼による報復を恐れるという動機が潜在したのではないのか。ただ、これは、あくまで謎解きの推論である。

ただし、二〇〇五年になって、共産党側が抹殺したもう一つの疑惑が浮上した。元被告市V・S部員水谷謙治は、私に直接、岩林虎之助の当夜の所在に関して、次のような証言をした。彼は、現在、立教大学経済学部名誉教授だが、当時明和高校細胞長で、名古屋市ビューロー・総務部員だった。市ビューロー・総務（V・S）加藤和夫は、彼にたいし、明和高校民青班員他をピケ隊に組織し、それを指揮して、七月七日当日の警察部隊の配備を調査し、刻々と人数を中間アジトに報告せよとの任務を与えた。ピケ隊約二〇人は大須球場の東西南北に配置され、警察配備数はピケ隊アジトから中間アジトに報告された。その中で、明和高校細胞党員岩原靖幸は、第一地下指導部と八木旅館の第二地下指導部とを行き来するレポの任務になった。騒擾罪成立後のある時期、彼は、友人の水谷謙治にたいし、次の内容を初めて話した。僕は、他の問題では、検事にしゃべったが、あのことだけは一切しゃべらなかった。あのこととは、岩林虎之助が当夜地下指導部にいた事実だ。ただし、彼は、岩林虎之助が第一か第二のどちらにいたのかを言わなかったが、第二地下指導部に岩林虎之助がいたからこそ、共産党は八木旅館のことを完全抹殺したのではなかろうか。私は水谷謙治に質問したが、彼は中間アジトの場所を知らされていただけで、地下指導部の場所を聞いてもいないし、行ったこともないと話した。彼ら二人の証言は真実だと考えられる。よって、岩林虎之助の顔を当夜見た党員は、第一・第二地下指導部全員とレポ岩原靖幸になる。彼らは、自分たちが騒擾罪有罪になっても、党中央軍事委員岩林虎之助が地下指導部にいた秘密を守り抜き、火炎ビン武装デモの軍事命令を出した共産党中央委員会・軍事委員会に強制捜査・いっせい逮捕の手が伸びるのを防いだ。

争点四　警察・検察による騒擾罪でっち上げの計画と準備事実

共産党側は、騒擾事件でっち上げを論証するために、さまざまなデータを挙げた。

永田末男『上告趣意書』は、警察・検察の会議事実を具体的に証明した（八〇〜八五頁）。弁護団『上告趣意書』も、公判での警察・検察側証人にたいする被告・弁護団側質問データを含め、詳細に追及した（八七〜一三七頁）。

検察側は、偽証、記憶にないという証言、のらりくらりの質問かわし手段によって、騒擾罪でっち上げの計画・準備事実を隠蔽した。その国家権力犯罪の事実隠蔽工作の壁は厚かった。私も、第二部のように、前後経過に基づく推定論拠を示すことにとどまらざるをえなかった。

『第一審判決』は、これに関して、武装警官隊四大隊、警察放送車隊一四人、私服警官隊三班七五人の事前配備のみを認定したのに留まった。共産党側が追及・暴露した警察・検察の事前諸会議事実を全面的に黙殺した（一一二〜一一五頁）。

争点五　警察放送車内の火炎ビン発火をめぐる諸事実

私の事実認定は、第三部で詳細にのべたので、ここでは繰り返さない。

検察側は、争点一、二とこの争点五の立証を最大重点とした。そのために、共産党名電報細胞グループを、警察放送車にたいする火焔瓶投擲の中心実行犯に仕立て上げようと、団体別被告グループ最多の一二人を起訴した。そして、全員から多数の検事調書をとり、投擲事実の立証を狙った。しかし、名電報細胞長片山博の調書内容は、放送車内火焔瓶発火直後も、そこに接近せず、清水栄警視の拳銃連射と北側車道からの警官隊いっせい襲撃に驚いて、南方に逃げつつ、南側車道デモ隊列の中から、北側車道に向けて、火焔瓶二本を投擲した行為しか認めていなかった。名電報他被告の誰も、放送車に向けた火焔瓶投擲を自供しなかった。

名古屋高検『答弁書』（一九七一年七月二一日）において、検察側は、控訴審になって、検事調書だけではデモ隊の放送車火焔瓶攻撃を立証できないと焦った。そこで、検事調書のみによる公判維持作戦という自己規制を破って、拷問・脅迫状況で作成された警察尋問調書内容を多数援用し、立証しようと企んだ。しかし、そのレベルは、他人行動の目撃証言だけで、放送車への火焔瓶投擲行為の自認調書を提出することに失敗した（三〇九〜三八九頁）。

名古屋地検・名古屋市警は、検察庁・警察庁首脳から、何がなんでも第三の騒擾事件で騒擾罪を成立させよとの絶対命令を受けていた。その命令は、騒擾罪でっち上げ目的のためには、大須・岩井通り現場における警察・検察の違法な事前計画・準備のみでなく、騒擾事件公判においても違法な手口使用を含めて手段を選ぶなという趣旨だった。

刑事事件裁判のプロフェッショナルである検事たちは、第一審公判において、創意をこらし、さまざまな手口を編み出し、実行した。それが、警官による偽証、投擲者ねつ造、警察・検察にとって不利な物証隠し、合成写真のねつ造、不利な人的証拠隠しなどである。

被告・弁護団『真実・写真』は、検察・警察によるそれら違法な手口を暴露している。しかし、国家権力犯罪の壁は厚く、その違法なからくりを立証し、裁判長心証を形成するまでには至らなかった。その一部を抜粋する。

第一、警官による偽証　野田巡査と清水栄警視

野田巡査は、放送車が警官隊襲撃合図の停車をしたとき、車内に残って、投入され発火した火焔瓶を消火してから、下車したと証言した。投入された火焔瓶本数の真実は、第三部に載せた火焔瓶写真のように、検察側が事件二一年後に初めて提出した二本だけだった。

彼は、公判証言ではないが、『警察庁・回想』（一九六八年一月）で「全身火だるまになって」という見出しで、次のように証言した。「デモ隊は、岩井通り四丁目付近に至るや、軌道を越えて、放送車めがけ

て殺到し、石や火炎びんを投げ込んできた。ガラスの割れる音、車のボデーに石や火炎びんが激突する音、車内でアッという間もなく五、六発の火炎びんが火を吹きだし、班員の幾人かが火傷した。暴徒は、放送車を目がけて、次々と火炎びんを投げつけてくる。広報マンである私は、一人、広報車の中で投げ込まれる火炎びんの排除に当たっていたが、運悪く一発が鉄帽に命中した。みるみる服は燃え、帯革は焦げ、全身火だるまになった」(二〇〇頁)。

彼が下車したときの放送車と彼自身の写真は、第三部に載せたが、この証言とはまるで異なる。

清水栄警視の証言もほぼ同じである。

『第一審判決』は、被告・弁護団側の数十人の証言を無視した。そして警官二人の証言のみに依拠し、放送車の後部及び右側窓付近に各三個、屋根に一個の火焔瓶が命中して発火し、車内には十個の火焔瓶が投込まれて発火炎上した(一二四頁)とし、合計で一七個の火焔瓶が放送車に命中発火したとの事実認定を下した。

『控訴審判決』『最高裁決定』とも、放送車内火焔瓶二本のみという真実を黙殺し、『第一審判決』通りの事実認定を下した。

第二、投擲者ねつ造　全甲徳少年・一八歳、二三歳で自殺

『真実・写真』は、事件のつくりかえとして、火炎ビン投入者づくりの経過を書いている。その抜粋を載せる。

放送車に対する攻撃者を、どうしてもつくり出す必要にせまられた警察、検察は、朝鮮人少年で十八歳の全甲徳に目をつけた。警官におどされ、検事におどされ、放送車めがけて投げたといえと執拗にせまられ、同時に、これを認めたらお前が保釈されるように裁判官に話してやる、と言った。そのあとどうなったか、全甲徳は釈放もされず、保釈もされなかった。

検事のいうとおりにしていれば、保釈されると信じ込まされていた全甲徳は、完全にだまされ、保釈はおろか起訴され、被告とされ勾留をつづけられた。失望と悲憤の内に全甲徳は自らの命をたった。二十三歳であった。しかし、自白調書は証拠としてのこり、「火焔瓶二発を放送車めがけて投げ、発火炎上させた」として、デモ隊全体の意志とされた（五三頁）。

検察側と「第一審判決」とも、結果として、放送車への火焔瓶投入者を特定しなかった。警察・検察も、本当の投入者＝警察スパイ鵜飼照光を特定するわけにはいかず、彼が投入を自供しているのにもかかわらず、不起訴にした。

全甲徳を投入者にでっち上げる手口は、松川事件における赤間被告にたいするやり方と同じである。

第三、警察・検察にとって不利な物証隠し　一、放送車の廃棄

放送車内に投入された火焔瓶二本の二一年間にわたる物的証拠隠しは、最大の隠蔽工作である。

検察側は、それだけでなく、警察放送車そのものも廃棄処分にして、物証隠しを強行した。これを残しておけば、野田巡査・清水栄警視らの証言が真っ赤なウソであり、放送車の存在自体が検察側による騒擾事件でっち上げを完全証明することになる。検察庁・警察庁はそれを恐れた。検察側に有利であれば、証拠申請をするはずである。ましてや、わずか事件九カ月後に廃棄処分するなどは考えられない。

『真実・写真』は、次のように書いている。この放送車は、権力側が、デモ隊が最初に攻撃を加え、火炎ビン一〇個以上投入、発火炎上させ、騒乱罪のきっかけとなったなどと決めつけている重要な証拠物件である。法廷に証拠申請もせぬまま事件翌年三月ごろ、検察官釈明によれば廃棄処分され証拠は消された。ちなみにこの放送車は事件当夜、野田巡査らによって火はすぐ消され、その後も動き廻り、中村署に帰り、又現場にもってきて検証写真が撮影されている。これが残されておればもっと多くの真実を語ったであろうし、逆に権力犯罪を語ったであろう。それだけに警察、検察は、残しておくわけにはいかなかったのだ（四九頁）。

第四、不利な物証隠し　二、写真完全隠匿と合成写真のねつ造

『真実・写真』は、次の事実も暴露した。警察・検察は現場写真のすべてを失敗したといって、自らが撮影した写真は一枚も法廷に出してこなかった。そして、証拠として提出してきたのは、新聞社から提供してもらったと称する現場写真である。今まで紹介してきた写真のすべては、そういうことで法廷に出された写真である。彼らは本当に失敗したのだろうか？　時間がたち、歴史がすぎ、被告・弁護団の調査がすすむ中で、そのウソはばれてくる（四七頁）。そして『真実・写真』は、警察・検察のウソを証明する写真二枚を載せた。

メーデー事件『検察研究特別資料』は、警察鑑識班の写真の出来映えがよく、警官隊との乱闘を行った暴徒多数を、それによって検挙できたと鑑識班を称賛した。もっとも、それら写真数百枚が、公判において、武装警官隊の違法な先制攻撃を証明する物的証拠ともなったので、写真は検察・警察にとって、もろ

刃の剣になる。

大須事件の警察鑑識班も、写真数百枚を何人かで撮った。そもそも、武装警官隊八九〇人以外に、私服刑事を三班七五人も配備していたからには、メーデー事件の教訓からも、写真班は一〇人以上いたと考えられる。その全員の写真が失敗したなどということはありえない。徹夜体制で現像してみたら、それらの写真すべてが、警察放送車にたいするデモ隊の火焔瓶攻撃シーンなどなかったということだろうことを完全証明していた。ましてや、デモ隊が放送車の五m以内に、市電軌道を越えて接近したシーンなど一枚もなかった。

検察・警察は、放送車周辺の騒擾状況を証明する証拠写真が一枚もないので、名古屋地検・名古屋市警幹部は、検察庁・警察庁首脳と相談し、三つの陰謀工作を決断し、実行した。

警察が撮った写真数百枚が、鑑識班一〇人以上の全員ともすべて失敗したと公判で強弁せよ。法廷には警察側写真を一枚も出すな。弁護団が提出を要求しようと、裁判長が提出命令を出そうとも、耳を貸すな。

毎日新聞・中日新聞から、現場記者が撮った写真を提供させよ。ただし、その記者名を隠匿し、公判証人にも出させるな。弁護団から追及されて、ボロがでたらまずい。

騒擾状況が発生したことをでっち上げるには、鑑識班が合成写真を徹夜で作成せよ。それは、デモ隊が火焔瓶を大量投擲したとする合成写真、いま一枚は乗用車炎上のウラ焼き合成写真である。それを毎日新聞社・中日新聞社にリークし、翌朝七月八日紙面に掲載させよ。

次の写真は、検察・警察に加担した毎日新聞が載せた合成でっち上げ写真である。翌朝紙面なので、毎日新聞が合成したとは、一寸考えられない。名古屋市警が合成したでっち上げ写真一枚のリークと圧力を受けて、毎日首脳部が秘密裏に挿入したと推定する。写真が小さくてやや見にくい。しかし、『真実・写真』（四六頁）の大判で鮮明な写真では、二のデモ隊員と一のデモ隊員が同一人物たちであることがよく分かる。
元被告酒井博は次のように証言する。

二、火炎ビン炎なし＋三、デモ隊が棄てた火炎ビン炎→一、デモ隊が投げたかのような合成
毎日の写真説明は「投げつけた火炎ビンを尻目にむしろ旗とプラカードを持って逃げるデモ隊」

現場証拠写真一をよく見ていただきたい。一、左側道路上の群衆の膝のあたりに鬼火のように炎が浮かんでいる。これは当局側が火炎瓶の炎上状況をできるだけハデに見せるためにデッチ上げた合成写真だ。毎日新聞七月八日朝刊には、当局が証拠として提出した現場写真二と三を合成した写真が掲載されている。写真二の右側放送車をカット、デモ隊部分だけを使用し、道路にやはり右側放送車をカットした炎を焼き込んだ写真は、あたかも火炎瓶暴力デモのイメージを強調している。

争点六　清水栄警視の拳銃五発連射状況と逃亡・証人隠し

拳銃連射状況は、第三部で分析した。ここでは、清水栄警視をめぐる攻防の結果として、彼が弁護団の厳しい追及に堪えられなくなり、検察・警察側が彼を逃亡させ、証人隠しをしたことだけを検討する。

宮崎四郎名古屋市警本部長は、清水栄警視をあの人は非常にしっかりしているという人物評価をし、警視二〇人の中から、彼を警察放送車の警告隊長に大抜擢した。彼は、騒擾罪でっち上げの事前計画・準備に基づき、武装警官隊八九〇人が北側車道からいっせい襲撃をする第二合図である拳銃五発連射任務を、期待通り見事に遂行した。警察スパイ鵜飼照光による放送車内への火焔瓶二本投入・発火という第一合図と、第二合図との時間差は数秒から十数秒である。これらの経過は、でっち上げ作戦が想定した通りの出来映えだった。

清水栄警視は、事件直後から、検察・警察内で、暴徒にたいする果敢なる行動が称賛された。名古屋市警内の地位において、二一〇人の警視から、わずか六人だけの警視正への論功行賞的な昇進は確実視された。それは中間管理職から上級管理職への昇進となる。

弁護団は、騒擾事件起訴がでっち上げであることを暴露・立証する上で、清水栄警視の公判証人尋問を最大の力点と位置づけた。そこから、第一審で、六回の証人尋問をし、発射状況を徹底的に追及した。なぜなら、彼は警告隊隊長・早川大隊副官であり、拳銃五発連射という第二合図を遂行した最前線指揮官だったからである。しかも、騒擾挑発物＝放送車周辺における火焔瓶の大量投擲攻撃など発生しなかったという想定外状況にもかかわらず、事前計画・命令に忠実に拳銃五発を水平発射した。その行為により、後向きに逃げていた朝鮮人少年を射殺した名古屋市警本部防犯少年課長の地位にある殺人者だったからである。

メーデー事件で、武装警官隊は、二一人が計七〇発を発射した。メーデー事件『検察研究特別資料』（一五四頁）は、その警官名・発射数と使用状況の克明な表を載せた。それによれば、九発一人、六発三人、五発二人である。五発以上の射耗数警官を計六人とした。警官が射殺したデモ隊員は一人だった。拳銃弾による負傷者は計二二人である（一七六頁）。

メーデー騒擾事件公判において、東京地検側は、警官隊の拳銃発射人数や射耗数は不明として、弁護団側が何度要求しても、そのデータの提出を拒絶し、隠蔽した。ところが、この部外秘『検察資料』一冊が、二五〇〇円で古本即売会目録に出ているとの情報が弁護団に入った。弁護団側は、入手した極秘データに基づいて、拳銃発射警官全員の証人尋問請求をした。検察側は、弁護団側にそのデータが漏洩したと悟って、やむなく、拳銃発射警官データの証拠開示をした（『メーデー事件裁判闘争史』一二九頁）。このデータと警官一六人にたいする証人尋問の徹底追及こそが、控訴審において、武装警官隊の違法な先制攻撃実態を立証し、メーデー事件騒擾罪の全員無罪判決を勝ち取った要因の一つとなった。拳銃発射警官一六人の公判調書がその違法性を完璧に証明したことによって、東京高検・最高検は、最高裁への上告を断念せざるをえなかった。

名古屋市警本部防犯少年課長清水栄＝朝鮮人少年殺人者は、証人尋問六回にわたる弁護団側の追及の中で、厳しい尋問に堪えかねて、次々とボロ・亀裂を出し始めた。宮崎本部長が彼を大抜擢し、期待した理由は二つある。第一理由、最前線指揮官として、拳銃連射という第二合図任務を忠実に果たすであろう。第二理由、彼は騒擾事件公判で弁護団側からもっとも厳しく追及されるだろうが、彼は検察・警察による公判対策としての事前の口裏合わせ＝偽証内容の意志統一・命令を守り、公判において堂々たる偽証をおこなうはずである。ところが、彼の公判証言内容は、検察・警察の期待を次々と裏切った。

亀裂一　安井検事正出席の認否問題

清水栄警視は、こともあろうに、大須事件一一日前の名古屋市警臨時部課長会議に、安井検事正が出席していた事実を証言してしまった。それは、不出席で、事後報告であったという偽証口裏合わせを真っ向から否定した証言だった。

永田末男は、『控訴趣意書』（八一頁）で次のように暴露している。名古屋市警宮崎四郎本部長は、会議方針を安井検事正に事後報告したと書いた。しかし、翌六月二十七日付の毎日新聞夕刊には、安井検事正が出席していたと報道されている。そして、此の会議に出席した当時の市警防犯少年課長警視清水栄証人は、一九五六年九月七日原審法廷で、同会議に安井検事正が出席した事実を認めている。この場合、決定的に重要なことは、他の警官、検察官証人の否定した安井検事正の会議出席の事実を清水栄が証言しているということである。これは日本の検察官の見地からすれば、この場合してはならない種類の証言なのだ。

亀裂二　拳銃発射警告の有無と発射行為との時間差問題

偽証口裏合わせは、大声で何度も撃つぞと警告をした、やや間を置いてから発射したと証言せよ、とする内容だった。

『上告趣意書』（三三六頁）は、彼が公判で弁護団に追及されて、偽証約束を破って、真実を証言してしまったことを暴露した。

原判決はさらに、清水栄は発射前、撃つぞと警告し、発射の効果をも確認しつつ必要な範囲で拳銃を発射したと判示する。しかし、事前警告はそもそも証拠上認められるか。清水の一審一三四回公調証言は次のとおりである。

（弁護士）あなたが撃つぞといわれた。それとあなたが拳銃を発射される、その間の時間的な間隔は…

（清水）撃つぞといって撃っておるんですから、時間的間隔があるというようなものではないわけです。

（弁護士）あなたが撃つぞといわれて、パッと間髪を入れず発射されておるということですか。

（清水）大体そうです。

亀裂三　拳銃発射第一理由としての群衆による包囲・攻撃の存否

偽証口裏合わせは、放送車内発火とほぼ同時点に、放送車攻撃中のデモ隊員多数から、彼も包囲され、かつ、攻撃をされたので、やむなく発射した、それは正当防衛であり、発射に違法性はないと断言せよ、という内容だった。彼は、最初の頃の証人尋問では、偽証口裏合わせどおりに証言した（『上告趣意書』一審一〇八回公調一二三項、一三四回公調二項）。しかし、これも、六回の公判証言の過程で、偽証約束を破って、真実を証言してしまった。

（清水）勿論私が拳銃を撃ったときには、デモ隊との距離がありまして、群衆に取り巻かれたという状態で発射したわけではありません。

（弁護士）そのとき、その群衆はあなたを目がけて喚声を挙げて、あなたの方へ押しかけてくるという、そういう態勢にあったわけでもないんですか。

（清水） そのときは、私に向かって攻撃を加えるというのではなく、むしろ私の方から、接近していったわけでありますから。（同二七・二八項）

清水栄は従前の暴徒から包囲された旨の供述を一擲した。彼は、法廷証言において、当初の偽証内容である暴徒に包囲されたので拳銃を五発連射したことを、自ら否定した。

亀裂四　拳銃発射第二理由としての彼の孤立状況問題

偽証口裏合わせは、拳銃発射のもう一つの理由として、彼が他警官隊と離れて、デモ隊の中で孤立してしまったので発射したと言え、とする内容だった。当初、彼は、そのように偽証していた。『上告趣意書』は、当初証言を載せた。（清水） そのときは、私個人だけでありまして、部隊との連繋が切れて居るので、拳銃を使用するほかそういう気勢を防止し得ないという考えを起こしました（一審一〇八回一一三項）。（清水） そうした凶悪な犯罪を防止するに当たりまして、その当時としては私は単独で追行しておったのでありまして、拳銃を使用するほかに、その事態が極めて緊迫した情勢にありましたので、それで発射したわけであります（一審一三四回公調二項）。

ところが、『控訴審判決』は、彼の第二偽証内容だった、自分一人が孤立した状態にあって攻撃を受けたので、暴徒へ向けて拳銃五発を発射したことに言及せず、その孤立状況の存在を否定した（『上告趣意書』三三八〜三四一頁）。

名古屋市警宮崎本部長の人選第二基準＝清水栄警視なら、公判で被告・弁護団から鋭い追及を受けても、平然と、立派な偽証を続けられるであろうという目論見が外れた。検察庁・警察庁は、これ以上、彼を控訴審公判の証言台にさらしたらまずいと悟って、清水栄警視を失踪させ、死亡扱いにし、お墓まででっち上げた。よって、被告・弁護団が、第二審公判一九六七年五月一一日第六〇回準備手続きにおいて、彼に再度の証人尋問を申請したが、警察・検察は、行方不明として、最大の証拠を隠蔽した（『上告趣意書』二四〇頁）。

なぜ、清水栄警視は公判証言において、次々と偽証口裏合わせ内容を裏切ったのか。その理由として三つが推定できる。ただし、どれが該当するのかは分からない。被告・弁護団は、この種類の推定を一切していない。

第一、宮崎四郎本部長の人物評価が誤っていた。清水栄には、証人尋問六回でこのレベルの偽証に堪えられる資質がなかった。

第二、防犯少年課長でありながら、朝鮮人少年を背後から射殺した殺人行為への自責の念、良心の呵責に苛まれるようになった。

第三、証言をする度毎に、検察・警察首脳から厳しく批判され、情緒不安定・うつ病症状に陥った。

一方、検察・警察にとって、清水栄とは何者なのか。トップにとって、中間管理職である彼の利用価値は何なのか。第一審公判証言における彼は、当初の利用価値どころか、彼の生存それ自体を極めて危険なマイナス価値に転換させた。万一、彼を控訴審証人として再度出席させ、弁護団側からさらに突っ込んだ尋問をされようものなら、激しい精神的動揺に陥る危険性が高い。控訴審法廷において、彼が、騒擾罪でっち上げの事前計画・準備の会議内容、公判対策としての偽証口裏合わせ会議の内容などを証言するような事態でも発生しようものならどうなるのか。その場合、たった一人の課長証言によって、検察庁・警察庁の権威は吹っ飛び、騒擾事件公判どころではなくなる。名古屋地検・名古屋市警首脳は、彼を、控訴審公判の証人尋問に晒さなくするにはどんな手口があるのか。

その類似ケースにおいて、歴史は、利用価値を喪失し、危険物に転化した下級・中間管理職人間にたいして、邪魔者は殺せという暗黙の鉄則で、機関トップが肉体的・政治的抹殺を謀ってきたことを無数のデータで証明している。検察庁・警察庁は、その法則通り、清水栄という人間を逃亡させた。しかし、それでも共産党側の清水捜索の手が緩まなかった。国会でも、一九七五年、共産党青柳盛雄議員が清水失踪問題を取り上げた。そこで、検察庁・警察庁は、最後の手段として、その人間を、生きながらの戸籍上の死者とし、人骨のない墓までも創った。被告・弁護団側による清水捜索経過は、別の詳細資料がある。

日本の刑事裁判史上において、これほど露骨で、なりふり構わぬ、検察・警察側が仕組んだ証拠隠し、証人隠しは、例を見ないであろう。もちろん、三大騒擾事件公判において、メーデー事件・吹田事件でも、検察・警察側は証拠隠しをいろいろした。しかし、大須事件におけるように、これほど悪質な証拠隠蔽・抹殺行為をしたケースはない。この行為は何を意味するのか。それは、検察庁・警察庁首脳が、大須騒擾事件裁判は、このままでは騒擾罪不成立になると判断し、第三の騒擾事件もそうなったら、検察・警察の面子が丸潰れになるという不安に執りつかれたからである。その自己保身目的のためには、いかなる違法な公判手段を使ってでも、被告一五〇人を有罪にさせなければならないと国家権力犯罪完遂の決意をしたからである。

四、騒擾罪成立の原因(一)＝法廷内闘争の評価

刑事裁判の性格と騒擾罪成立の諸原因

刑事裁判において判決が出るには、様々な要因が働く。大須事件裁判における騒擾罪成立の原因を五つの面から検討する。言うまでもなく、刑事裁判では、裁判官三人が、国家権力である検察側の起訴・公判方針と、被告・弁護団側の弁護方針を聞き、訴訟指揮を行いつつ、彼らの心証形成をし、その度合いによって有罪無罪の判決をする。以下は、裁判官の心証形成に及ぼした要因とその影響度という面に限定して、諸原因を検討する。

法廷内要因は三つある。一、騒擾罪起訴をした名古屋地検の方針と心証形成に及ぼした影響度、二、被告一五〇人と常設弁護団五人の方針、ただし、事実上共産党側の公判方針と、それが心証形成に及ぼした影響度、三、法廷内における双方の攻防にたいする名古屋地裁裁判官三人の訴訟指揮と心証形成度である。法廷外の要因は二つである。四、被告・弁護団側＝共産党側の支援運動方針と支援体制のレベルと心証形成に及ぼした影響度、五、マスコミの動向である。ただ、五については、検察・警察側によるマスコミ利用として、一に含める。

これらの要因が絡み合って、第三の騒擾事件にのみ騒擾罪が成立した。一九五二年七月七日大須・岩井通りにおける騒擾状況の存否に関して、私は第三部で詳細に分析した。私の事実認定では、騒擾状況など発生していない。その点では、被告・弁護団の主張と完全に一致している。それにもかかわらず、裁判官は三審とも騒擾罪成立の判決を下した。なぜなのか。その原因はどこにあるのか。

ただ、五つの中から主要原因を特定するのは難しい。五つの原因のいずれも問題点を孕んでいる。それらを検討するが、いずれかに特定することを、あえて避ける。なお、法廷外要因（四）は、きわめて複雑で、重要なテーマを多数含んでいる。よって、それは第五部騒擾罪成立の原因(二)、法廷内外体制の欠陥に廻す。その副題は、一九六四年の諸問題と宮本顕治の敵前逃亡である。

裁判長の訴訟指揮と裁判官三人の心証形成

裁判官が事実認定をする基準は、建前として、訴訟指揮を通じ、真実か、それともウソかを見分けることである。メーデー事件控訴審裁判官と吹田事件三審裁判官は、いずれも、デモ隊が騒擾状況を発生させたという検察側主張を、多数の証言・証拠写真に基づいて、否定し、流れ解散中のデモ隊にたいし武装警官隊が違法な先制攻撃を仕掛けたのだと事実認定をした。

大須事件の場合はどうか。また、裁判官の思想的立場が訴訟指揮や判決に表れるのか。

第一、名古屋地裁裁判所長村田正雄が名古屋市警機関紙『警苑』に書いた巻頭言がある。その論旨は大須事件にたいする予断と偏見に満ちたもので、起訴前に書かれている。裁判官個々の自立性があるとはいえ、所長の思想的立場が、大須事件担当裁判官の選定や訴訟指揮になんらかの影響を及ぼしたことが推定される。

第二、第一審裁判長竹田哲哉の保釈決定と訴訟指揮に関する検察側の評価がある。

彼は、一九五二年九月一六日の第一回公判から裁判長だったが、一九五五年七月に病死した。その間、彼は、被告・弁護団の保釈申請を三回とも認め、保釈決定を出した。検察側は、それにたいして、三回とも抗告をし、最初の二回は名古屋高裁が保釈決定を取り消した。全員が保釈されたのは、事件の一年八カ月後だった。

彼の訴訟指揮に関して、『検察研究特別資料・秘密文書』（一九五四年三月作成）は、裁判長が被告・弁護団の法廷発言を制限・制約せず、言いたいだけ言わせ、放任していると、何度も批判を書き連ねている。いかに放任したのかを、被告人と検察側との感情的な論争レベルの公判速記録をそのまま検察側は多数引用した。名古屋地検内部では、検察側による裁判長忌避申し立てをすべきという議論があったとも書いている。

ちなみに、『検察資料』が載せた被告人発言内容と回数の多い人数を見てみる。金泰杏一九回、岩田弘一四回、片山博一三回、酒井博九回、兵藤鉱二は九回、芝野一三が三回などである。検察側は、竹田裁判長の訴訟指揮によほど腹に据えかねたのであろう。

第三、裁判長井上正弘が、その後、第一審公判を担当した。彼は、一九六六年一二月、検察側申請の被告人ら供述調書のほとんど全部五一二通の証拠採用を決定した。弁護団はそれに異議申立をしたが、彼が却下したので、被告・弁護団は裁判官忌避の申立を出した（『文集』一四五頁）。

一九六九年一一月一一日公判で、彼は騒擾罪成立判決を下した。騒擾有罪九九人、内実刑五人とした。事件の一七年四カ月後だった。

元被告酒井博に、私は、二人の裁判長の比較を直接聞いた。彼は、竹田裁判長は民主的な訴訟指揮をしたが、井上裁判長の訴訟指揮はかなり反動的で抑圧的だった、と印象を語った。

検察側方針・力点が有罪の心証形成に有利に働いた要因

共産党による火炎ビン武装デモの計画・準備実態を克明に立証した検察側作戦が、公判全体を通して、裁判官の心証形成に大きな影響を及ぼした。検察庁・警察庁は、メーデー事件公判・吹田事件公判において、共産党による計画・準備実態を立証することができなかった。それだけに、彼らは、第三の騒擾事件公判において、玉置メモという事前の物的証拠入手から手繰り寄せて、その証拠固めを最大の力点に据えた。

私の名古屋市における民青・共産党専従一五年間の体験から見ても、一、第一部で分析したように、計画・準備事実に関する限り、検察側起訴事実、裁判所の事実認定内容は、真実に近い。火炎ビン武装デモの方針、諸会議決定、火炎ビン製造は、ほぼ真実だったと考える。それらに関する記述に、誇張・ねつ造はない。二、一方、大須・岩井通り現場の状況に関しては、検察側・裁判所側とも誇張・歪曲・ねつ造だらけの記述をしている。この二つの際立った違いが、有罪判決の特徴の一つをなしている。なぜそのような違いが生じたのか。それでも有罪になりうるのか。

大須事件は、武装闘争共産党が出した全国的な日本における朝鮮侵略戦争参戦指令に従い、党中央軍事委員岩林虎之助の火炎ビン武装デモ命令を具体化し、実行した事件である。その性格は、朝鮮戦争の後方兵站補給基地武力かく乱戦争行動だった。中署・アメリカ村への火炎ビン攻撃を行うとする名古屋市軍事委員会方針、隊長会議、細胞レベル会議内容、火炎ビン製造方針と製造は真実だった。しかし、実際のデモ隊は、当初計画を変更し、大須電停を左折・北進せず、上前津交叉点に向けた無届・平和デモを五分間・二五〇〇m行っていた。ただ、デモ隊員一五〇〇人中に、当初指令の火炎ビン携帯者が三三人、二・二％いた。

このケースで、裁判官の心証形成はどうなるのか。当然、裁判官は、いわゆる共同謀議の存在を真実と認定した。その共同謀議と内容それ自体は、騒擾罪に該当するという心証形成をした。あとは、大須・岩井通りの現場状況の事実認定が残る。

検察側は、上記争点で分析したように、偽証口裏合わせをし、法廷でも警官・検察官たちに様々な偽証をさせた。警察放送車や警察側写真という検察側に不利となる物的証拠を隠蔽・廃棄した。毎日新聞・中日新聞にでっち上げ合成写真をリークし、翌朝の新聞に掲載させた。不利となる内容の被告人検事調書多数も恣意的に証拠申請せず、隠蔽した。それだけでなく、騒擾罪無罪の決定的な証言をなしうるはずの清水栄名古屋市警少年課長＝朝鮮人少年殺人犯という人的証拠を逃亡させ、戸籍上の死者にしてしまった。検察側のこれら国家権力犯罪行為は、大須・岩井通りの現場状況が騒擾罪に該当しないことを証明しているはずである。

裁判官は、その検察側犯罪にたいして、どのような心証形成をしたのだろうか。第一審・控訴審・最高裁の有罪判決を読むかぎり、裁判官はそれらに関する事実認定を恣意的に避けている。しかし、メーデー事件控訴審と吹田事件三審の裁判官たちは、騒擾罪無罪判決を下した。大須事件関係裁判官たちだけが予断と偏見を持っていたのか。あるいは、火炎ビン武装デモの計画・準備という共同謀議の存在有無が、それだけ決定的な心証形成要因となって、三つの騒擾事件裁判における無罪・有罪判決を分けたのか。

共産党側方針・力点が無罪の心証形成に不利に働いた要因

被告・弁護団＝共産党側は、公判において、一、火炎ビン武装デモの計画・準備に関する検察側起訴事実内容にたいし、全面否認をするか、沈黙・反論せずという方針をとった。二、被告一五〇人も、共産党側の公判方針に従い、個々人の起訴事実内容にたいし全面否認をした。三、中署・アメリカ村への火炎瓶武装デモ・襲撃という当初計画が存在したこと自体も否認した。無届だが、最初から上前津交叉点↓金山橋への平和デモという方針だったと主張した。そこから、四、デモ隊の進路変更指令が存在したことも証拠がないと否認した。五、大須球場内現地指導部の存在も否認した。六、芝野一三軍事委員長は現場に行っていないと主張し、彼にはアリバイがあると、第二地下指導部場所・八木旅館を隠したままで否認した。七、火炎ビン携帯者・使用者の存在にも沈黙し、反論しなかった。なぜ火炎ビンが存在したのかについて何の説明もしなかった。

裁判官は、これら共産党側の公判対応をどう受け止めたのか。当然、裁判官三人全員が、被告・弁護団＝共産党側は真っ赤なウソをついているという心証形成をした。共産党側はなぜそんな見え透いたウソを主張するのかと考えたはずである。そして、これらの争点に関する検察側の起訴事実は真実であるとの心証形成度を高めた。

一方、共産党側は、警察放送車内の火炎ビン二本発火は、警察スパイ鵜飼照光がやったことと主張した。しかし、八、彼が共産党員であり、愛日地区軍事委員・テク担当だった事実に一言も触れなかった。九、名電報細胞の玉置メモの存在と、メモ内容の信憑性についても、完全に沈黙し、ほとんど反論もしなかった。一〇、火炎ビンを使用した日本人のほぼ全員が共産党員であることにも触れなかった。

最大の力点として、被告・弁護団は武装警官隊八九〇人による先制攻撃の違法性の立証に全力をあげた。とくに、清水栄警視の拳銃発射行為の状況を証人尋問六回で追及した。警察放送車内の火炎ビン発火とその周辺状況において、デモ隊が市電軌道を越え放送車に接近していないことを多数の証人証言によって論証した。この点に関して、私は追及方針と内容レベルに完全に賛同している。しかし、検察側による証拠隠蔽・偽証などの国家権力犯罪の壁は厚く、暴露が不充分に終わった事実も多い。

裁判官は、この争点に関して、検察側と共産党側のどちらの主張を真実とする心証形成をしたのか。大須・岩井通りの状況についての主張は、真っ向から対立していた。私の事実認定は、第三部で書いた。裁判長たちも、ある程度は、警官隊による違法な先制攻撃が真相ではないかと、三人で議論したとも思われる。というのも、メーデー事件・吹田事件の裁判官たちはそういう事実認定をしたからである。

しかし、裁判官の心証形成として、火炎ビン武装デモの計画・準備、デモ隊方針において、検察側は真実を立証している。しかるに、共産党側は明らかに真っ赤なウソをついているという真実・ウソの判定があった。それにもかかわらず、大須・岩井通り現場状況に関してだけが、共産党側の主張の方が真実に近い。検察側は真っ赤なウソをついて、騒擾罪をでっち上げようとしているというリアルな逆転発想ができるのか。

むしろ、通常の裁判官心理としては、共産党側が計画準備事実について真っ赤なウソをついている以上、全部でもウソをついているのではないのかという疑惑を抱く。その心証形成度が有罪判決になった。

被告・弁護団＝共産党側は、それならどうすべきだったのか。

騒擾事件裁判は、一般的な刑事裁判とは異なる。それは、まさに時代錯誤的な刑法一〇六条を適用しようとした階級裁判である。被告一五〇人は、日中貿易促進・朝鮮戦争反対の正しいスローガンでデモ行進をしただけなのに、このような弾圧は許せないという怒りに満ちていた。その階級裁判において、共産党側に不利な起訴事実にたいし、真実を隠し、真実を全面否認して、ウソをつくのも正当な公判闘争であるとする見解も存在した。その心情は理解できる。

しかし、刑事裁判であるからには、騒擾罪一〇六条の法的解釈・適用是非の前に、事実関係に関してウソか真実なのかの事実認定が決定的となる。裁判官は人間であり、ウソかどうかを見分ける立場の国家公務員である。

メーデー事件・吹田事件の裁判官たちは、検察側が共産党による事前の計画・準備実態を立証できず、現場状況の真実がほとんど唯一の争点だったので、検察側の起訴事実をウソとする事実認定をした。

永田末男は、東大法学部出身である。そして、名古屋市委員長になるまで、共産党岐阜県委員長だった。彼の公判文書は三通ある。彼は、「第一審被告人最終意見要旨」三六頁、「永田末男・控訴趣意書」九七頁、「永田末男・上告趣意書」四五頁を提出した。そこでは、いずれも、共産党名古屋市ビューロー・キャップとして、検察・警察の騒擾罪でっち上げを事実に基づいて批判し、判決の事実誤認を暴露している。そして、騒擾罪・刑法を含め法律論を詳しく展開した。他被告人は数頁ずつの文書だけだが、永田末男の三通・一七八頁はもっとも重厚で、法律理論面でも専門的といえる。その一方、いずれにおいても、騒擾事件公判をたたかっている最中の被告人らを見捨て、切り捨て、自己保身を謀る宮本顕治・野坂参三を強烈に批判した。

私が推察するに、彼は法学部出身者として、刑法一〇六条の刑事裁判であるからには、事実関係に関し、全面的に真実をのべて争うしかないとする見解を抱き、被告・弁護団内や共産党グループ内で、何度も主張したのではないか。一方で真っ赤なウソをついておいて、それが正義の階級闘争だとし、片や他方で真実をのべて国家権力と争うという公判闘争のやり方は、刑事裁判のたたかい方として根本的な誤りであるとしたのではないか。

変な言い方だが、メーデー事件・吹田事件のように、共産党による事前の計画・準備が検察側に掴まれておらず、検察側がほとんど立証できなかったという類似状況が、大須事件でも存在していれば、先行二公判と同じく、被告・弁護団側がそんなことは知らぬ、存ぜぬと全面否認をし、計画・準備実態に関して真っ赤なウソをつくやり方もできたかもしれない。しかし、大須事件はその点で、決定的に異なっていた。

元被告酒井博に、私がその論議の有無について直接質問した。彼の返事は次のとおりである。大須事件三年後の一九五五年、六全協が極左冒険主義の誤りを認めた。それが公表されたことから、永田末男・酒井博は共産党側の公判方針を、火炎ビン武装デモの計画・準備についても、すべて真実をのべて争うべきと、被告・弁護団内で主張した。しかし、ほとんどが沈黙し、まともな討論にならなかった、弁護団や共産党側の誰もその方針転換に賛成しなかった。

ただ、当時の二人は、宮本顕治・野坂参三がソ中両党による国際的秘密指令を騒擾事件裁判でも守れという厳命を出し、三つの騒擾事件裁判を抱える東京都・大阪府・愛知県の都道府県常任委員会を全面拘束していたことを知るよしもなかった。ただし、この厳命は、口頭指令なので、立証できる証拠文書はない。野坂参三が、メーデー事件被告・弁護団の会議に出席したとき、中国共産党との関係があるので、それらについては言えないと拒絶したケースがあるだけである。

弁護士たちは、刑事裁判における裁判官の心証形成システムを熟知しているプロフェッショナルである。大須事件担当の弁護士は、ほぼ全員が自由法曹団所属の共産党員だった。彼らは、共産党地区委員会所属でなく、共産党愛知県委員会直属の弁護士細胞に所属していた。彼らは、火炎ビン武装デモの計画を準備の真実に関して、真っ赤なウソをつき続けるという公判闘争方針のままで、騒擾罪無罪を勝ち取りうると判断したのだろうか。それとも、共産党員として、宮本顕治・野坂参三の計画・準備の真実ではウソをつき、大須・岩井通りの現場状況の真実を追及することのみで公判闘争をたたかえという秘密指令にたいし、それが刑事裁判における根本的な誤りと気付きながらも、かつ、それでは無罪を勝ち取り得ないと想定しつつも、弁護士としての法律家的良心を放棄し、共産党員としてDemocratic Centralism（民主主義的中央集権制）への絶対服従をしたのだろうか。党の上に個人の法律家的良心を置いてはならない、としたのか。

共産党員弁護士の一側面にたいして、私がこのような辛口の評価をするのは、根拠がある。私自身の共産党との民事裁判という一九七七年の個人的体験において、共産党側弁護士三人の法律家的良心の二面性に直面したからである。私の共産党専従解任は、第一、共産党・弁護士、および、名古屋大学法学部長谷川正安教授が共産党側「意見書」で主張したように、共産党内における任務変更という政党内部問題の側面を持つ。しかし、第二、当時四〇歳で一〇万円弱手取り生活費を支給され、その内訳として、基本給・年齢給・党専従歴給の支払があり、所得税・厚生年金保険料・健康保険料が源泉徴収されていた。これは、私の友人たちと比較すると、年収で四分の一だった。ともかく、これで共働き家族四人の生計を立てている以上、これは市民的権利の側面である。政党とは、憲法上で私的結社の一つにすぎない。専従解任は、その解任に正当事由が存在しないときには、私的結社内部における市民的権利侵害の法律上事件の側面を持ち、合法・違法の法的問題となる。

ちなみに、私の裁判体験と裁判分析は二つある。それらの個人的な体験が大須事件分析の背景になっている。

第一、私が、一九七七年一一月に提訴した日本共産党との民事裁判である。弁護士なしの本人訴訟で、共産党専従解任不当の仮処分申請訴訟と本訴訟の二段階の裁判を、一九七九年三月まで、一年四カ月間行った。被告は野坂参三で、原告は宮地健一だった。

請求の趣旨は、共産党愛知県専従解任は、私が機関紙赤旗の一面的拡大方針と実態の極度な誤りに関して、共産党中央委員会批判・愛知県常任委員会批判を正規の党内会議で十数回発言した行為にたいする報復であり、憲法の裁判請求権に基づいて、解任不当判決を求める内容だった。本訴訟の公判は、名古屋地裁の大きな法廷で一回だけだったが、仮処分の審尋は、裁判長室で九回・九時間あった。民事裁判ではあるが、そこから裁判長がどのように心証を形成していくのかという過程を実体験した。

第二、スパイ査問事件公判に関する裁判分析とその党中央宛意見書である。私は、一九七六年の報復的な専従解任を不当として、党中央に長大な意見書三通、質問書・調査要求書など二五通を出し続けた。さらに、一九七七年第一四回大会に警告処分不当・専従解任不当の上訴書を提出した。党中央は、私の一年八カ月間にわたる党内闘争にたいし、一度も調査しようとしなかった。さらには、党大会決定が出るまで、自宅待機措置にし、党籍も点在党員組織隔離措置にした。その性格は、共産党が悪用する党中央批判者にたいする格子なき党内牢獄措置だった。第一四回大会において、上田耕一郎党大会議長は、戎谷統制委員長の却下報告を受けて、採決も取ろうとせず、異議ありませんかとして、三〇秒間で却下した。この犯罪的な手口にたいし、私は怒り心頭に発し、日本共産党との民事裁判提訴を決意した。

報復専従解任と格子なき党内牢獄措置という二つの党内犯罪措置の期間中に、立花隆『日本共産党の研究』が出版された。宮本顕治は、『犬が吠えても歴史は進む』という立花批判のキャンペーンを大展開した。私は、共産党側の反論内容とやり方に強い疑問を抱いた。二つの措置で時間がたっぷりあったので、スパイ査問事件に関して出版された書籍・雑誌・週刊誌、戦前の日本共産党史文献を徹底して集め検討した。とくに、治安維持法＋党中央委員小畑査問・致死事件裁判の分析・研究を綿密に行った。私の結論は、宮本顕治の反論内容は完全に誤りであるとともに、党内外に重大なマイナス影響をあたえるとする内容だった。時間があるので、長大な意見書を書き、党中央に提出した。もちろん、これにたいしても、党中央は握り潰した。

弁護士を付けない本人訴訟にたいし、共産党側弁護士三人と長谷川教授は、市民的権利の存在を全面否定し、門前払い却下を主張した。政党は憲法上特別の地位にあるから、裁判所に司法審査権などない。直ちに門前払い却下をせよという驚くべき反憲法的な主張もした。提訴と同時に、私を除名し、共産党員でなくなったから、当事者の適性・利益がなくなったという民事訴訟法上の姑息な仕打ちもした。弁護士三人・県常任委員二人の五人は、本人訴訟で一人だけの私と裁判長にたいし、共産党の一専従が共産党中央委員会を裁判で訴えたというのは、国際共産主義運動史上で一度もなく、前代未聞の裁判だから却下せよと理由にならない理屈を大声で何回も喚いた。

名古屋地裁の民事裁判長は、共産党側と著名な憲法学者の主張を全面的に退け、門前払いをすることなく、具体的な仮処分の審尋に入った。彼らは、宮本顕治命令に服従し、法律家的良心・憲法学者の学問的良心を放棄した。そして、前代未聞の反党・反革命分子宮地健一を叩き潰す目的のために、党の上に個人の法律家的良心・憲法学者の良心を置いてはならないとした。Democratic Centralism（民主主義的中央集権制）に従った。これは、弁護士・学者と共産党員としての矛盾が発生し、党中央から二者択一の選択を強いられたケースだった。その決定的瞬間に直面し、彼らは、弁護士・学者の良心を放棄し、共産党員という党派性を優先させた。三人の弁護士とも、大須事件の控訴審弁護団に加わっていた。

永田末男・酒井博が主張したように、上記一のウソ主張を取り止め、一、二とも共産党側が真実をのべるという公判方針に大転換していたら、それは裁判官の一、二総体に関する心証形成にどういう変化を与えたのだろうか。それでも、裁判官は、一を真実とする事実認定だけで有罪の判決を下したのであろうか。

宮本顕治は、その異論主張・批判にたいして、二人の除名、永田末男の被告団長解任という報復で応えた。

第五部　騒擾罪成立の原因(二)＝法廷内外体制の欠陥
——宮本顕治のソ中両党命令隷従と党史偽造

はじめに——第五部の目的と性格

一九六九年一一月、第一審判決が出た。騒擾罪が成立し、騒擾罪有罪九九人、別件有罪一七人、内実刑五人、無罪二一人だった。一〇四人が控訴した。第五部のテーマは、副題のように、法廷闘争を支える内外体制、実質的には共産党側の支援体制の欠陥、とりわけ宮本顕治の六全協以降における言動が騒擾罪成立原因（二）となったことを論証することである。その主要原因は第四部で分析した。その上で、私は、彼の言動をその副次的要因と位置づける。

そのためには、宮本顕治のソ中両党命令への隷従事実と党史偽造歪曲に関する謎解きが必要となる。それは、大須事件公判途中の一九六七年以降、被告一五〇人にたいし、党中央が彼らを切り捨て、見殺しにする敵前逃亡を企てた性質も孕んだ。

第五部は、もう一つの目的も含む。私は、大須事件被告団長・共産党名古屋市委員長永田末男と大須事件被告・共産党愛日地区委員長酒井博ら二人を大須事件一審公判最中一九六五年に除名した行為を、宮本顕治による異論者粛清事件と規定する。この手口も、騒擾罪成立原因（二）となったと、私は判断している。それは、彼が行った党中央批判・異論者にたいする千数百件以上の政治的殺人行為の一部をなす。ただ、彼の党内犯罪を立証するには、半非合法時期党史の闇に隠されたデータをあらゆる側面から発掘し、戦後日本共産党史の真相を浮かび上がらせなければならない。第五部は、大須事件との関連範囲内で、その闇のごく一部の謎を解く目的を含む。

すでに、第四部は、大須・岩井通り現場検証テーマがすんで、公判闘争テーマに入ったので、裁判・法律用語を含め、理解するにはかなり難しかったと思われる。ところが、第五部は、大須事件に関係する共産党内部の欠陥に限定される。かつ、大須事件を発生させた国際的要因、その前後におけるソ連共産党・中国共産党という両党命令と、日本共産党の隷従実態の歴史解明となり、一九五〇年代の国際共産主義運動の分析に分け入る。これらは、一段と分かりにくい。よって、かなり説明不足になるおそれがあるが、大須事件だけになぜ騒擾罪が成立したのかという裏側の真相解明には避けて通れないと考える。

宮本顕治は、党中央批判・異論専従への報復者＝異論者粛清事件として有名である。政治的殺人という意味は、彼が行った多数の除名・除籍・処分のほとんどが、でっち上げの規律違反・分派ねつ造による党内外排斥だからである。国際的に見ても、彼ほどの規模・件数で党内粛清を遂行した資本主義国共産党トップはいないであろう。

彼は、一九六九年愛知県党の指導改善問題における党中央批判発言者三人にたいし、口実を見つけて、次々と専従解任をした。一九七七年、それに不服で名古屋地裁に専従解任不当の民事裁判を提訴した私にたいして、宮本顕治・不破哲三・上田耕一郎・戎谷春松ら四人は、憲法の裁判請求権を正当に行使した行為を直接の理由として私を除名した。私は、彼ら四人の行為を反憲法行為・粛清犯罪だと規定している。

私にたいする犯行と、大須事件被告二人にたいする犯行は、除名理由となる舞台こそ異なるが、宮本顕治が行った党内犯罪という意味で共通点を持つ。

この第五部は、大須事件に関する歴史的背景、および、愛知県党で発生した大須事件関連の三問題も含めたので長くなった。もともと、大須事件裁判関連の文書すべてが長い。ちなみに、永田末男が裁判所に出した『第一審最終陳述』『控訴趣意書』『上告趣意書』三通は、合計で一七八頁だった。これほど長大で理論的にも優れた書面を提出した被告人は、被告一五〇人中で永田末男だけである。大須事件弁護団が提出した文書は、準備書面まで含めれば数千頁になる。弁護団『控訴趣意書』だけでも五〇二頁、『上告趣意書』は一五八三頁にのぼった。名古屋地裁の『第一審判決文』は四五八頁、最高裁『却下・騒擾罪有罪決定』は、口頭弁論を開かないままで、三九頁だった。名古屋高等検察庁の『大須騒擾等被告事件答弁書』は六八九頁もある。法務研修所の『部外秘・検察研究特別資料―大須騒擾事件について』は二八一頁である。

一、一九五五年六全協の表裏＝ソ中両党命令への隷従と大須事件公判との関係

六全協の計画・準備をどこで誰がしたのかという真相

大須事件第五部を、なぜ六全協問題から始めるのか。大須事件は一九五二年七月七日だった。六全協は、一九五五年七月二七日で、大須事件の三年後だった。宮本顕治ら国際派五分派の全員は、スターリンによる分派裁定に屈服し、五全協・武装闘争実践共産党主流派に自己批判書を提出し、復帰している。宮本顕治は、スターリン命令に屈服し、一九五一年一〇月初旬、その分派組織＝中央委員は宮本・蔵原二人だけ

の全国統一会議を解散し、武装闘争実行の五全協共産党の一員となった。よって、大須事件は、統一回復共産党が遂行した一九五二年度の四大武装闘争事件の一つである。その六全協は、大須事件をどう評価し、位置づけたのか、それとも、大須事件を含む三大騒擾事件や白鳥警部射殺事件の具体的総括を何もしなかったのか。むしろ、六全協にたいするソ中両党の秘密命令に隷従した宮本・野坂・志田らによって、大須事件公判闘争が阻害されたのではないかという疑惑とその真相解明のテーマが浮上する。

六全協の計画・準備実態に関して、宮本顕治自身が『日本共産党の七十年上』(二四二頁)で公表した。もっとも、その意図は、徳田・野坂分派活動を証明することにあった。

不破哲三もそれを追認し、加筆した著書を公表した。『日本共産党にたいする干渉と内通の記録、ソ連共産党秘密文書から・下』(新日本出版社、一九九三年)の六全協準備に関する個所(三六一〜三六四頁)を引用する。

「六全協の決議案の作成は、モスクワでおこなわれました。五三年末、徳田死後の体制や方針の相談のために、紺野与次郎、河田賢治、宮本太郎らが日本から中国に渡り、北京機関の指導部にくわわりました。五四年春、ソ連共産党の指導部からよばれて、野坂、西沢(隆)、紺野、河田、宮本(太)らがモスクワにむかいました。問題は、六全協での方針転換の準備でした。五一年以来、モスクワにとどめられていた袴田も、部分的にこれにくわわりました。

ソ連側の中心は、スースロフとポノマリョフで、のちに六〇年代の対日干渉にしばしば名前がでてくるコヴィジェンコなども、顔をだしています。六全協決議案はソ連側主導でつくられました。この決議案に、五一年綱領は正しかったという文句をいれることを頑強に主張したのも、スースロフなどソ連側でした」。

中国共産党側は、王稼祥が参加した。

二、ソ中両党秘密命令の三つの内容と国際的背景

隷従下各国共産党への指令内容と強制力

一九五〇年代当時、国際共産主義運動におけるソ中両党の権威と命令は絶対的だった。ソ連共産党は、東欧などのソ連衛星国を隷従下に置いただけではない。ソ中両党は資本主義国における共産党も完全に隷従させていた。その指令内容は、公式の革命路線決定への指令・干渉、非公式の秘密指令、隷従下共産党指導部の人事指名・介入などである。その指令遂行強制力のバックには、資本主義国共産党全体への総額千数百億円に及ぶ資金援助があった。イタリア共産党・フランス共産党や日本共産党にたいする資金援助額の公表データは信憑性が高い。イタリア共産党・フランス共産党は、その資金援助額と受け取りを公式に認めている。しかし、日本共産党だけは、黙殺するか、または、野坂・袴田らが除名前の党中央トップ時期に個人的に受領したとごまかしている。証明されている二回だけで、日本共産党への資金援助額は三五万ドル・時価換算七八億円になる。彼らがトップ時代に、それほどの金額をねこばばするはずがなく、党本部が受領していると考えられる。これも、宮本・不破が、被除名者に責任転嫁をするいつもの党史偽造歪曲である。

ソ中両党秘密命令の三つの内容

第一命令　六全協決議文内容

六全協決議文はソ連共産党が主導・作成し、その内容を日本共産党に強要した。その後の日本共産党中央の実態・言動結果から推定される命令内容は次である。スターリンはモスクワ会議一年前の一九五三年三月五日に死んだ。しかし、スースロフは、スターリンとソ連共産党を擁護するため、スターリン執筆が証明されている五一年綱領は正しかったという文言を決議文に入れるよう命令した。さらに武装闘争問題に関しては、極左冒険主義という抽象的なイデオロギー総括だけに留めよ。との命令を下した。宮本顕治ら国際派五分派の中央委員七人・二〇%と党員のほぼ全員が、一九五一年四月、宮本らは分派としたスターリン裁定に屈服し、一九五一年一〇月までに主流派中央委員二八人・八〇%側に自己批判書提出・復帰した。それによって、分裂していた日本共産党は五全協で統一回復をした。しかし、その真実を隠し、一九五五年七月六全協で初めて統一回復をしたとせよ。五全協＝武装闘争実践共産党より以前の五〇年分裂問題については、武装闘争実践とソ中両党の関与・命令に触れないという限界内で、分裂経過のみの総括をすることを許す。モスクワにおける六全協準備会議の事実を公表することを禁止する。

第二命令　六全協における総括・公表内容の規制・禁止命令

六全協において、ソ中両党にとって不利となるテーマを討論・公表することを禁止する。それは、武装闘争の実態、武装闘争データ、および、それに関するソ中両党の関与・朝鮮戦争参戦命令などについての総括・公表の全面禁止命令だった。不破哲三は、同書（三六一〜三六四頁）で、次の事実を証言した。

「また、ソ連共産党指導部は、統一を回復した日本共産党が、五〇年問題の全面的な総括をおこなうことに、つよく反対しました。この問題では、フルシチョフや劉少奇が直接のりだして、ソ連と中国の党の意向を日本共産党の代表団に伝えました。これも、五〇年問題の総括が、スターリンやソ連共産党の干渉にたいする批判をふくむものとなること、また彼らが支持した徳田派の誤りがうきぼりにされ、今後の対日本共産党工作の障害になることなどを、恐れてのことだったにちがいありません」。

ただし、不破哲三は、故意に、武装闘争という言葉を使っていない。彼は、五〇年問題を、武装闘争実践という意味で使っている。また、六全協で初めて統一回復をしたとするソ中両党命令による宮本顕治の党史偽造歪曲の詭弁をそのまま使っている。

第三命令　六全協指導部の人事指名

ソ中両党は、六全協指導部三人を指名し、その肩書きも強制した。野坂参三を第一書記という肩書にせよ。一貫したスターリン忠誠者の宮本顕治を常任幹部会責任者に復帰させよ。党中央軍事委員長志田重男は、武装闘争指令の個人責任がある。しかし、党再建の一定期間において、地方の党会議めぐりや武装闘争軍事委員たちの人脈再配置などで、まだ利用価値がある。よって、彼の個人責任を隠蔽・擁護しつつ使え。『日本共産党の七十年・上』（二四四頁）は次のように書いている。

「ソ連共産党の意向で野坂が第一書記となった。党の指導中枢をあらためて第一書記とよんだのも、まだソ連の影響を脱していないことの名残であった」。

当時、フルシチョフの肩書は第一書記だった。ソ連共産党は、東欧のソ連衛星国のレーニン型前衛党トップにもほとんど第一書記と命名させた。野坂参三の肩書・第一書記は、名残どころか、ソ連共産党の命令そのものによる。

不破哲三は、第一、第二命令を具体的に証言したが、第三命令の存在を隠蔽した。よって、その証拠はない。ただ、ソ連共産党が東欧諸国前衛党のほとんどにたいして、前衛党トップの人事指名・介入をしていた事実は、東欧革命後に発掘されたデータで完全に暴露・証明された。ハンガリー事件当時のナジ首相も、ソ連亡命中、NKVDスパイにさせられた証拠文書が発掘・公表されている。ソ中両党が当時の隷従下日本共産党の六全協人事にたいして指名・介入したことは、第一書記という肩書から見ても確実だと、私は推測している。ソ中両党が、宮本らは分派と裁定された宮本顕治を、なぜ指導部に、しかも、いきなり常任幹部会責任者というトップ三人の一人に復帰させたのかという疑問・理由は、私のホームページファイルで詳しく分析した。

六全協の国際的秘密命令が出るまでの前後関係、背景を再確認

やや長くなるが、六全協の国際的秘密命令が出るまでの前後関係、背景を確認する。それを見ておかないと、三つの秘密命令がなぜ出て、宮本顕治らがそれに無条件で隷従したのかを理解することができない。しかも、宮本顕治がこの秘密命令を大須事件公判闘争内にも貫徹させたことと、大須事件にのみ騒擾罪が成立したことには、直接間接の因果関係が存在すると私は判断するからである。

一九五〇年一月、コミンフォルム批判は、野坂参三のアメリカ占領下でも平和的に社会主義革命ができるという空想的な理論を放棄し、五カ月後の六月二五日開始予定・事前決定ずみの朝鮮戦争のために、日

本国内での武装闘争を展開せよとの秘密指令だった。今日、コミンフォルム批判は、スターリン執筆であることが証明されている。スターリン・毛沢東・金日成らは、その時点に、朝鮮戦争開始をほぼ合意し、決断していた。その事実は、ソ連崩壊後に発掘された膨大なスターリン・データ、朝鮮戦争後の中国共産党側データ、萩原遼がアメリカで発掘した戦争準備データで証明された。ソ連NKVDスパイだった野坂参三理論への名指し批判は不思議ともいえる。その理論は、彼がソ連共産党の了解を得ていたという情報もある。

彼は、中国から帰国する途中で、モスクワに行った事実を、党中央にも秘密にしていた。朝鮮戦争数年前の国際情勢だったので、ソ連共産党もとりあえず、野坂理論を認めた。彼のソ連立ち寄りは、ソ連「野坂ファイル」で暴露され、一〇〇歳だった彼の除名理由にも明記された。宮本顕治は、野坂のソ連スパイ事実と山本懸蔵密告・銃殺事実を外部から暴かれて慌てふためいた。一〇〇歳の党員を除名したケースは、国際共産主義運動史上においても、宮本顕治による野坂入院ベッド上での査問以外に一人もいない。

このコミンフォルム批判の真意と性格を把握しておかないと、以後の日本共産党史を理解することができない。また、それは、第二部でも書いたが、大須事件など三大騒擾事件がなぜ発生したのかという歴史的国際的背景の理解にもかかわるテーマである。朝鮮戦争との関係で大須事件をとらえ、朝鮮戦争の戦後(＝休戦)処理との関わりで、大須騒擾事件公判にたいする宮本顕治の対応をとらえる必要がある。

スターリン・毛沢東・劉少奇らは、日本共産党にたいし、朝鮮侵略戦争に参戦し、日本における後方基地武力かく乱戦争行動に決起するよう命令し、路線転換を強要した。相手方の兵站補給基地を破壊・混乱させることは、戦争作戦の常識である。ところが、思いもかけぬことに、コミンフォルム批判の評価をめぐって、日本共産党が主流派（＝所感派）と国際派五分派に分裂してしまった。それは、彼らの想定外の大誤算だった。スターリン・毛沢東は、慌てて、四全協で五〇年分裂をした日本共産党にたいし、統一せよとの声明や勧告を出したが効き目がなかった。

分裂の比率データを推定しておく必要がある。主流派・国際派という両関係者多数の証言から見ると、主流派側は党員九〇％・専従七〇％・中央委員二八人の八〇％で、国際派側が党員一〇％・専従三〇％・中央委員七人の二〇％である。スターリンは、朝鮮戦争が始まっても分裂争いを止めず、四全協で後方基地武力かく乱戦争行動の方針を決めただけで、何一つ武装闘争の実践をしない日本共産党にしびれを切らした。というのも、一九五一年朝鮮戦争開始一年後になって、三八度線付近で戦線が膠着してしまったからである。それを打開する戦争作戦の一つとして、彼らは、何がなんでも、日本において、後方基地武力かく乱戦争行動を激発させる必要に迫られた。

宮本顕治は、スターリンのコミンフォルム批判を真っ先に無条件で支持し、直ちに武装闘争を開始せよと主張した。国際派という名前は、スターリンの国際的命令に即座に従えと力説する国際盲従派という意味である。スターリンにとって、彼は、日本共産党内におけるもっとも愛すべき熱烈なスターリン忠誠者だった。しかし、徳田球一と比べると、宮本顕治の党内人気はまるで出なかった。圧倒的多数の党員が、剥き出しのスターリン信奉者で、大衆団体活動や労働運動体験がまったくなく、硬直したスターリン理論のみをひけらかし、文学のボリシェヴィキ化を教条的に唱える宮本顕治を嫌った。そして、徳田球一の人柄・演説スタイルを支持した。宮本顕治のスターリン盲従ぶりのデータは、私のホームページファイルで書いた。

ちなみに、名古屋大学法学部稲子恒夫名誉教授による一つの証言とエピソードがある。一九五二年七月大須事件当時における愛知県の主流派と国際派の存否比率である。これは、私が稲子教授に直接取材・質問した答えである。彼は、下記の愛知県国民救援会にたいする共産党の乗っ取り・分裂工作にたいし、国民救援会役員として反対し、共産党指令に従わなかった。稲子教授の証言は以下である。愛知県に、国際派党員はほとんどいなかった。国際派の細胞も皆無だった。名古屋大学でも法学部は、共産党細胞が愛知県党内で最大だったが、教職員細胞や学生細胞はすべて主流派であり、大須事件に参加した。法学部学生も多数デモに参加していたが、逮捕されたのは、医学部と経済学部が多く、法学部メンバーは全員が逃げ延びた。現在、名古屋市で活躍している著名な弁護士たちも、事件当時、名大生隊列でスクラムを組んで、デモの先頭部隊で行進をしていたが、その全員が検挙を免れた。

スターリンは、一九五一年四月、自分への忠誠を誓っているとしても、党員一〇％少数派に落ち込んで、党内人気が出そうもない宮本顕治にたいし、やむなく宮本らは分派との裁定を下した。スターリンは、自らが先制攻撃を始めた朝鮮戦争の戦線膠着中という想定外の非常事態に際し、隷従下日本共産党における宮本顕治の利用価値を見限った。勝ち馬に乗り換えるというのが、隷従下共産党支配におけるスターリンの人事思想である。国際派側立場を弁明するために、モスクワに派遣されていた袴田里見は、スターリンに一喝され、自己批判書をすぐさま書き、主流派に転向した。さらに、一九五一年八月一〇日、スターリンは、コミンフォルム機関紙とモスクワ放送で、宮本らは分派と再度指令した。国際派五分派の中央委員七人全員と国際派党員のほぼ全員が、スターリン裁定・モスクワ放送に屈服し、主流派・党中央軍事委員長志田重男に自己批判書を提出し、主流派に復帰した。

かくして、一、コミンフォルム批判というスターリン第一次指令で日本共産党が六・六追放の翌日一九五〇年六月七日に実質的に分裂し、二、一九五一年二月二三日四全協で正式に分裂し、三、今度は、スターリン命令という第二次外圧により、日本共産党は分裂をやめさせられ、一九五一年一〇月一六日五全協で統一回復をした、というのが党史の真実である。分裂期間は、一年四カ月間である。宮本顕治は、六全協で統一回復をした、分裂期間は五年一カ月間も続いたとする大がかりな党史偽造歪曲をした。それは、彼が五全協武装闘争共産党に自己批判・復帰した真相を隠蔽し、それによって自分は武装闘争に何の関係も責任もないと自己保身をする詭弁である。しかし、彼の詭弁・党史偽造歪曲言動は、下記で検証するように、大須事件公判や支援運動にたいし、深刻な破壊的影響をもたらした。

一九五一年二月二三日、四全協共産党は、劉少奇の植民地型武装闘争方針を決めた。しかし、分裂継続もあって、第二部（表）に載せたようにその実践は皆無に近い。宮本顕治も自己批判・復帰し、統一回復をした一九五一年一〇月一六日五全協共産党は、一九五二年度の武装闘争を全国的に遂行した。ただし、感情的な統一は別で、スターリン裁定に屈服し、復帰した国際派党員たち一〇％は、統一回復細胞内で主流派党員たち九〇％から、何度も、スターリンが裁定してくれた分派活動に関して査問をされ、自己批判を強いられた。

しかし、宮本顕治ら国際派五分派七中央委員の全員がスターリンに屈服したことによって、統一回復をした五全協・武装闘争共産党は、一九五二年一月から七月にかけての、白鳥警部射殺事件や火炎ビン武装闘争などによって、国民から見放され、一九五五年一月には、ほぼ壊滅状態に陥っていた。

ソ中朝という三つのレーニン型前衛党が企んだ朝鮮半島の武力統一思惑・当初の作戦計画から見れば、

一九五三年七月二七日休戦協定で戦争開始前と同じ三八度線に戻ったとしても、朝鮮侵略戦争の結果は完敗といえるものだった。アメリカの不沈空母に変身させられた日本の現実的脅威が急増し、ソ中朝の鼻先に突きつけられた。ソ中両党は、朝鮮戦争という熱い戦争から冷戦に再転換・後退した段階になって、アメリカ帝国主義とのたたかいを最重点と位置づけた。日本国内において、アメリカ帝国主義とたたかわせる勢力は、日本共産党しかなかった。社会党は、友党というだけであり、信頼できるレーニン型前衛党でなかったからである。そこで、ソ中両党は、モスクワで自ら六全協を準備し、三つの国際的命令を出し、ソ中両党隷従の日本共産党の再建に直接乗り出した。これが、六全協の裏側を決定づけた国際共産主義運動の真相である。

国際的秘密命令を党内、および、大須騒擾事件公判闘争内に貫徹

六全協指導部トップ三人は、国際的秘密命令を忠実に守った。なかでも、宮本顕治は、武装闘争の具体的総括・公表を禁止する命令を守るだけでなく、総括・公表を要求する党内意見を抑圧する言動を展開した。六全協後、各都道府県委員会で党会議が開かれた。彼と志田重男は二人で組んで、全国を廻った。以下にも書くが、六全協時点、党中央幹部たち全員が自己批判書を提出した。宮本顕治は、一三頁に及ぶ長大な「経過の概要」を出した。その自筆ペン書き全文コピーを、元国際派中央委員亀山幸三が「六全協の秘密」文書（『日本共産党史・私の証言』日本出版センター編、一九七〇年、四七〜五九頁）に掲載した。

宮本顕治は次のような事実を記した。「経過の概要二六」、六全協を迎える。直後、九州、北海道、中国、関東等に他の同志と出席して、この問題の一部を担当する（五九頁）。問題はそれら会議における彼の言

動である。

小山弘健『戦後日本共産党史』（芳賀書店、一九六六年）は、次のように指摘した。宮本顕治は、総括・公表を要求する党中央批判党員たちにたいして、「うしろ向きの態度」とか「自由主義的いきすぎだ」とか「打撃主義的あやまり」「清算主義の傾向」とかの官僚主義的常套語で、水をかけ、武装闘争総括をおしつぶす先頭に立った（一九四頁）。小山の六全協分析は、以下にも載せる。

増山太助『戦後期左翼人士群像』（つげ書房新社、二〇〇〇年）は、「見捨てられた独遊隊」として、次の証言をしている。「五五年の六全協後、激動期の闘争をすべて極左冒険主義という言葉でくくり、当時の主流派の指導を一切清算する動きが露骨に表面化した。私はこの傾向に反対し、とくに、事実に基づく血のメーデーの解明を求めた。しかし、志田をはじめ軍事の関係者はアリバイを主張して口をとざし、命を賭けた独立遊撃隊の人たちは党から見捨てられて惨憺たる状態におかれた。宇佐美は五二年に逮捕され、裁判にかけられたが、完全黙秘を貫いた。しかし、六三年にかつての仲間に裏切られ、反党行為という理由で除名された。彼は私宛の手紙のなかで、僕は逃れようにも逃れようもなく極左冒険主義者の標的にさらされるという逆の現象をもって斬り捨てられたと述べ、宮本顕治に屈服して救済された元の極左冒険主義者を悲痛な思いで糾弾していた」（二二六頁）。石堂清倫『わが異端の昭和史・下』（平凡社、二〇〇一年）も、「第三章、片手間の政治」（八三〜一二五頁）において、この期間の状況を具体的に証言している。

宮本顕治らは、一、党内会議において、国際的秘密命令を守っただけでなく、二、大須事件公判を含む三大騒擾事件公判闘争内にもその命令を貫徹した。公判において、共産党の武装闘争方針の具体的データ、その実行を全面否認せよとの指令を出した。三大騒擾事件公判における他二事件公判と大須事件公判との特殊性を無視し、火炎ビン武装デモの計画・準備実態をも、検察側に掴まれ、起訴されている事実を含めて、国際的命令を厳守せよと指令した。その具体的内容は、次に分析する。

三、一九六四年の三問題と大須事件公判支援体制の破壊・二人除名

三問題とは、四・一七公労協スト中止指令、部分核停条約賛否、松川事件裁判無罪勝利後の松川守る会や国民救援会をめぐる宮本顕治・党中央方針と愛知県における運動との意見対立問題である。これら共産党の全国路線は、宮本顕治の国際的立場・個人的秘密指令と直接的関係にある。それら宮本三方針にたいし、大須事件被告団長永田・被告人酒井二人を含む愛知県の大衆団体・党細胞は、それを誤りだとして反対意見を持った。それに怒って、宮本顕治は、公判最中にもかかわらず、二人除名・被告団長解任を強行した。今日、宮本顕治の三方針とも根本的な誤りだったことが、言い換えれば、二人や愛知県大衆団体の反対意見の方が正しかったことがほぼ証明されている。彼は、それらの誤りと二人除名などによって、大須事件公判支援体制を破壊した。彼の党内犯罪は、大須事件のみに騒擾罪を成立させた副次的要因となった。その位置づけに基づいて、三問題を検証する。ただし、いずれも、逆説の日本共産党史・裏面史としてテーマ・背景が複雑なので長くなる。

もちろん、二人除名の真因は、第四部で分析したように、公判闘争方針をめぐる意見の対立である。ソ中両党指令隷従の宮本顕治が命令したのは、火炎ビン武装デモの計画・準備実態を全面否認した上で、警察・検察の騒擾罪でっち上げ暴露のみで公判をたたかえという方針だった。二人は、刑事裁判である以上、

検事調書五一二通の裁判長証拠採用により、事実とし証明されてしまった火炎ビン武装デモの計画・準備実態を公判において認めるべきである、その上で大須・岩井通りでの状況は、騒擾罪に該当しないという方針で公判闘争を行うことが正しいという主張だった。

第一問題　四月一七日、四・一七スト中止指令の誤りと中国共産党の圧力疑惑

一九六四年、大須事件第一審公判は、一二年目に入っていた。この時点、一九六四年の四・一七公労協スト中止指令をめぐる問題が発生した。党内外で共産党中央批判が噴出した。党中央の四・八声明にたいして、愛知県国民救援会グループ細胞の永田・酒井・片山・(藤本)らは、細胞会議決定として、野坂参三議長宛に「四・八声明は反労働者的であり、撤回せよ」との抗議電報を打った。国民救援会の中心指導者だった藤本功は、戦争中中国におり、敗戦後に大連で石堂清倫らとともに、日本人帰国で活動した。ただ、彼は、五〇年分裂中に党籍が不明になっていた。片山博は、元名電報細胞長で大須事件被告人である。

一方、名古屋中央郵便局細胞は、党中央に抗議文書を提出した。細胞会議一二人の全員一致で、党中央の四・八声明は誤りと断定した。全党的にも、明白な党中央批判意見や抗議電報を提出したのは、判明する範囲で、名古屋中郵細胞と愛知県国民救援会細胞の二つだけである。

党中央の指令を受け、党中央法対部副部長木村三郎が、愛知県国民救援会グループ細胞を説得するため名古屋に飛んで来た。彼は、抗議電報を取り下げれば、処分しないと、日本酒一升瓶を持ち込んで、国民救援会細胞を説得した。元被告酒井博は、その情景を証言した。それによれば、木村三郎はこれには国際的背景があると漏らした。彼らは、スト中止は中国共産党の指令なのかと詰問した。さらに、藤本功は、

中国共産党は池田内閣の対中国姿勢を高く評価している。四・一七ストを決行し、そのことで池田内閣が危なくなれば、日中国交回復機運が遠のく。それで、中国共産党は、中国に長期療養滞在中の宮本顕治に圧力をかけ、スト中止指令を出させたのではないのかと追及した。木村三郎の返事はあいまいで、彼らは抗議電報取り下げを拒否した。

一方、愛知県常任委員会は、名古屋中郵細胞三人を、四・八声明、四・一七スト中止問題をめぐり反党活動をしたとして除名した。そして、党中央は、『赤旗』で、中郵の安井・北川・岡本ら三人に、正しい四・八声明に反対した反党分子というレッテルを貼り、全党的に三人批判の大キャンペーンを行った。

一九六四年とは、国際共産主義運動の激変・中ソ対立が発生し、そこにおいて日本共産党がどちらの立場を選ぶのかという選択が迫られた時期である。日本共産党の対応は、三段階に分かれる。とくに第二期に、大須事件公判と直接間接に関係する問題が発生した。この時期における国際関係との関連で、一、四・一七スト中止指令問題、二、部分核停条約賛否問題を位置づける必要がある。

第一期　中ソ対立の当初、日本共産党は中立の立場をとった。それまでの期間、宮本顕治は、ソ中両党の秘密命令を騒擾事件公判闘争に貫徹させていた。

第二期　中ソ対立・論争が激化する中で、日本共産党とソ連共産党との論争が始まり、日ソ両党関係が決裂した。宮本顕治は、中国共産党との関係を強化し、それへの隷従姿勢を続けた。彼は自主独立を初めて唱えた。しかし、それは、国際共産主義運動におけるソ連共産党への隷従をやめただけという部分的な自主独立だった。一九六四年の三問題は、この中国共産党への隷従継続時期に起きた。

第三期　中国共産党が、文化大革命において、日本共産党批判を強め、日本共産党を四つの敵の一つと規定する中で、日本共産党は中国共産党と決裂した。宮本顕治は再度自主独立路線を強調し、大宣伝した。自主独立とは、この経過にあるように、戦前戦後の日本共産党史において、それまでのソ中両党への一貫した隷従関係をやめたという意味である。もちろん、それ自体は、日本共産党が自主的に国際国内路線を決定できるという面でいいことである。ただし、宮本顕治は、ソ中両党それぞれに隷従することをやめた後も、武装闘争の総括・公表を禁止するというスターリン・毛沢東指令は、彼自身の命令として堅持し、大須事件公判闘争内にも貫徹した。

四・一七スト中止指令問題における中国共産党の圧力疑惑の根拠は三つある。

第一根拠　四・八声明への抗議電報から四・一七スト中止前までの時期に、党中央法対部副部長木村三郎がこれには国際的背景があると漏らした発言の真意推定である。第二期における国際的背景とは、中国共産党の圧力・干渉しかありえない。

第二根拠　愛知県国民救援会事務局長藤本功の詰問内容の正否である。彼は、戦前から中国にいて、中国人労働者とのつながりも深かった。彼は、『中国問題の周辺』（名古屋有声社、一九九三年）という中国問題と日中問題をテーマとした八編の冊子を出版している。それを読むと、彼の中国・中国共産党認識はきわめて鋭く、豊富な体験に裏付けられている。そこから考えると、中国共産党は池田内閣の対中国姿勢を高く評価しており、四・一七ストを決行し、そのことで池田内閣が危なくなれば、日中国交回復機運が遠のく。それで、中国共産党は、中国に長期療養滞在中の宮本顕治に圧力をかけ、スト中止指令を出させたのではないのかとした彼の推定は的を射ている、と思われる。

第三根拠　宮本顕治が、その時点、中国で長期療養滞在していた事実である。日本共産党は、『宮本顕治の半世紀譜』(新日本出版社、一九八八年)を出版した。これは、戦前篇と戦後篇からなり、六八六頁にわたる長大、かつ、詳細な年月日毎の宮本顕治行動・発言・講演・執筆データ集である。

一九六四年・五六歳のデータとして、中国における長期滞在を載せている(一八〇、一八一頁)。期間は二月一五日から五月一八日の三カ月間にわたる。中国共産党中央委員会の招きで、家族・医師・秘書ら八人とともに、中国の広州、海南島で療養生活をした。広州到着時には、鄧小平中国共産党総書記夫妻が出迎えた。帰国時は、康生中国共産党政治局員候補らが見送った。その三カ月間、宮本顕治は、まさに国賓待遇を受けた。中ソ対立が激化する中で、中国共産党は必死になって、宮本顕治と日本共産党を抱き込み、隷従を続けさせる努力をした。その間、中国共産党が宮本顕治にたいし、四・一七スト中止指令問題でなんらかの圧力をかけ、スト中止の説得をしたことが十分推定され得る。これは、中ソ対立に突入し、外交戦略に長けた中国共産党が仕掛けた日本共産党・宮本顕治取り込み国賓待遇レベルの三カ月人質手口とも推測される。ただし、その証拠文書はない。

宮本顕治は、四・一七スト中止時点とその大混乱だけでは帰国しなかった。帰国したのは、五月一五日志賀義雄衆議院議員が部分核停条約に賛成投票をした行為にたいする事後処理が理由である。なぜ、その前の四・一七スト中止指令による大混乱時期に帰国しなかったのか。それは、宮本顕治自身が、中国からその指令を出したか、それとも、中止指令を許可していたことの傍証になる。なぜなら、中国にいようとも、当時、日本共産党の最終政策決定権は宮本顕治一人だけが占有していたからである。

宮本帰国後の七月一三日、九中総は四・一七問題での誤りを認め、自己批判を発表した。宮本顕治は、その誤りの個人責任を党中央幹部三人にとらせ、三人の自己批判書を公表させた。そして、彼らを降格措置にした。彼は、中国にいたので、その誤りについて知らず、知らされなかった。自分の個人責任はないと強弁した。総評や公労協から、宮本顕治が知らないはずがないとの批判・非難が噴出したが、彼は知らぬ、存ぜぬと強弁を貫いた。

一方、彼は、名古屋中郵細胞除名者三人の名誉回復はしなかった。前衛党側によるスト破りという日本の労働運動史上最大の誤りを認めた以上、なぜ、その誤りを事前に党内意見書において批判・指摘した三人の除名取消をしないのか。指摘した内容が真実だったとしても、また、党中央四・八声明が誤りだったと認めたとしても、一旦、党中央批判を公表した党員を許さないというのが、宮本顕治式の規律違反処理スタイルである。批判内容の真否を問わないで、かつ、党内意見書を無審査のまま握りつぶした行為を棚上げにしつつ、宮本顕治は党外公表の側面のみを切り離す。彼は、規律違反、規律違反という大々的キャンペーンを党内外に展開した。

四・一七スト中止の誤りについては、三つのエピソードがある。

一、名古屋中郵細胞被除名者三人中の一人北川宏は、私に九中総後の出来事を直接証言した。共産党愛知県常任委員会は、細胞長安井栄次にひそかに面会を求めてきた。県常任委員・労対部長中家啓は、三人の除名取消・名誉回復も言わないままで、党に復帰する意思があれば、安井同志を県労対部長にしてもいいと持ち掛けた。それは、九中総後も共産党の誤りの暴露・宣伝という反党活動を続けさせると共産党にとってまずいので、県労対部長の地位と引き換えに、共産党批判をやめさせようという裏取引の提案だった。というのも、中央郵便局労組と中郵細胞の権威は高く、北川宏が専従の組合執行委員をしていた全逓東海地本関係だけでなく、愛知県の労働運動に及ぼす影響力が大きかったからである。安井栄次は、共産党との秘密取引を拒絶した。

宮本顕治が三人の除名取消・名誉回復を指令しなかった事実、姑息な裏取引提案をした事実は何を意味するのか。九中総の自己批判とは、党外からのスト破り政党＝共産党批判激発を抑えきれないので、対外的な反省姿勢を見せただけで、党内に向けては、党中央の誤りを認めたくないという宮本式二枚舌を証明した決定である。

二、私たち夫婦の問題である。二人とも、四・一七ストは謀略・挑発だから中止させよという党中央決定に、何の疑いも持たず行動した。妻は、通信産業・名古屋市外電話局の総細胞長だった。総細胞とは、職場内に一〇前後の単位細胞を抱える巨大な共産党基礎組織のことである。通信産業は革命の拠点職場とされており、局内の全細胞長・ＬＣ緊急会議に地区委員長が出席し、スト中止を指令した。謀略説もほとんど討論にならず、局社前で、妻を先頭として公然党員らが共産党ビラをまく翌朝の体制を決めた。全国の公労協細胞と同じく、総細胞からも、細胞長・LCを含め未結集・離党者が続出し、大衆サークルも崩壊した。その実態は、妻がホームページに書いている。その後における現場の状況や、スト破り政党の細胞が職場でどうなったのかは、全国的にもまったく公表されていない。

三、私は名古屋中北地区常任委員・西区中村区ブロック責任者（＝現在は名西地区委員長）として、国鉄名古屋駅の車掌区細胞、機関区細胞、動力車細胞LC全員を緊急招集し、スト中止を指令した。彼らは、名古屋駅のどこにも謀略・挑発の動きなどないと断言した。スト権投票で自分たち共産党員が組合執行部としてどれだけ動いたのか、地区は分かっているのかと反論した。深夜までの会議でも、彼らは誰一人としてスト中止に納得しなかった。私は、やむなく、共産党専従が常用する最後の奥の手を出した。私は、これは党中央の決定だ。それに無条件で従えと異論を抑え込んだ。

その後、国鉄三細胞は労働者の中で、スト破り政党として見放され、敵視された。国鉄の各細胞は半崩壊状態に陥り、党員の半数近くが離党し、または未結集になった。私は未結集になった細胞LCや地区委員にたいし、何度も再結集の説得に歩いた。しかし、その都度、彼らから中央とあんたの誤った指導は許せないと罵倒された。この誤りは夫婦にとって痛恨の共通体験である。同じ名古屋市にいながら、国民救援会細胞や名古屋中郵細胞のような判断がなぜできなかったのか。私も、全損保の労働運動や組合役員を三年間やり、スト権投票オルグで損保各職場を駆け回った経験があったのだが、なぜ党中央指令の誤りを見抜けなかったのか。

国民救援会事務局細胞永田末男・酒井博らによる四・八声明反対の野坂参三宛抗議電報行為は、宮本顕治による二人除名の真因の一つとなった。ただ、彼は、この時点で、名古屋中郵細胞三人除名と比べて、国民救援会細胞二人にはなんの規律違反処分もしなかった。

第二問題　五月一五日、部分核停条約賛否問題と中国共産党への隷従継続

五月一五日、志賀義雄は、衆院で部分核停条約に賛成投票をした。

永田末男・酒井博を除名した表向きの理由は、翌年の一九六五年四月八日、名古屋市公会堂における「日本のこえ」集会とその後の懇談会に参加したことである。それは、部分核停条約に賛成したことなどを理由として除名されていた志賀義雄、鈴木市蔵、神山茂夫、中野重治らによる集会で、愛知県の党員や新日本文学会関係者ら六〇〇人が集った。また、酒井博が機関紙『日本のこえ』を配布したことを規律違反とする除名だった。集会と懇談会に参加したこと、機関紙配布行為だけで除名にするのは口実であって、真の除名理由を隠した別件逮捕というべき処分だった。というのも、永田・酒井は、日本のこえに加入していないからである。永田末男は、志賀から組織加入を誘われたが、明確に断っている。この別件逮捕手口は、批判・異論党員を党内外から排除する宮本顕治の常套手段である。彼が日本のこえ関連で除名した党員は、党中央公表で六三人にのぼる。

当時、私は、共産党専従として、部分核停条約反対は正しい路線と信じて疑わなかった。部分核停条約賛成の路線に立つ日本のこえ運動は反党活動だと思い込んでいた。ところが、一九九一年ソ連崩壊後の秘密資料発掘・公表と中国共産党側データ発掘は、部分核停条約の提起・賛否問題について、まったく異なった視点を提供した。それは、中ソ対立の真因は、中国の核開発をめぐって、それを推進しようとする中国共産党と、核開発を阻止しようとしたソ連共産党、アメリカ・イギリスの思惑との激突であるとの見解で

ある。

ソ連崩壊後の新見解は、フルシチョフによるスターリン批判の評価をめぐって、ソ連共産党と毛沢東・劉少奇との意見相違が中ソ対立の真因だとすることを否定する。意見は異なるが、そこには同意点も多かったとする。ソ連共産党は、当初、中国共産党による核開発の技術支援をした。しかし、一九五九年頃、フルシチョフは、中国への核技術の供与、技術者派遣の中止を決定した。一九六〇年頃になると、ソ連の核技術者全員を引揚げ始めた。核開発問題だけでなく、その他の技術支援も次々と取り止めた。

ソ連の態度に怒って、毛沢東は中国独自で核開発に取り組むことを決意した。彼は、一、五年以内に自力更正で原爆を製造すると同時に、核爆発実験を行う、二、八年以内に原爆を一定量備蓄する、という新情勢下の任務を提起した。

それにたいし、ソ連共産党は中国の核開発をやめさせようとしたが失敗した。その時点、核開発を強力に推進していたのは、中国とフランスだった。核保有国はアメリカ・イギリス・ソ連だった。三カ国は、核独占と核拡散防止という自己都合のために、部分核停条約によって、中国・フランスの核実験を阻止しようとした。それが、部分核停条約の真の狙いだった。

この新情報分析は、インターネットでもいくつか報告されている。下斗米伸夫『アジア冷戦史』(中公新書、二〇〇四年)は、第四章、ソ連とアジア、偽りの同盟、一九五四年~六四年において、核問題をめぐる中ソ同盟危機、中ソ論争―武装対峙状況を詳細に分析した。彼は、発掘されたソ中新資料を駆使し、中国の核開発をめぐるフルシチョフと毛沢東の対立を浮き彫りにした(一〇七~一一五頁)。

その一節のみを引用する。「中ソ対立は深刻化し、六三年にはこうしてスースロフと鄧小平がモスクワで激突した。この背景には、核技術開発問題があった。六四年にはスースロフ書記も、中国の要求に応じて核技術を提供すれば、米国が西ドイツや日本に核を提供することになる、と拒否の理由を説明している。しかし、中国は二六の省と九〇〇の企業・研究所を動員し、予定の八年ではなく、わずか五年で、一九六四年一〇月一六日の核実験に成功した。ちなみにこの前日、モスクワではフルシチョフが第一書記から解任された。中国側は核実験成功がフルシチョフ解任の祝砲だと喜んだ」(一一五頁)。

そこから、一九六四年における日本共産党史の大逆説・疑惑が生れる。日本のこえ問題とは、部分核停条約賛否問題そのものだった。そして、宮本顕治が部分核停条約賛成の幹部多数を切り捨て、党全体として部分核停条約反対を多数決で決定させ、後に六三人を除名したことは正しかったのかというテーマである。そして、宮本顕治が、大須事件被告団長永田末男と酒井博を日本のこえ集会・懇談会参加を名目として除名した行為は、正当性を持つのかという問題である。

宮本顕治は、大須事件被告団長ら二人を、部分核停条約賛否問題＝日本のこえ問題の名目によって除名した。彼は、その行為により、大須事件公判闘争の体制を内部から破壊した張本人となったことになる。日本のこえ組織への加入を断った党員を、集会と懇談会に参加したという理由だけでなぜ除名処分をしなければならないのか。しかも、愛知県党内において、宮本顕治が、この問題で処分したのは、この二人だけである。彼は、他の名古屋市公会堂集会参加者六〇〇人中の共産党員、中村区旅館懇談会参加者五〇人中の党員の誰をも除名していない。となると、除名の真因は、大須事件公判闘争方針をめぐる意見の対立しかありえない。

永田末男・酒井博除名に関するエピソードがある。酒井博は、日本のこえ集会後の懇談会をめぐる事実を、私に直接話した。それは懇談会には、日本のこえ四人も出席し、名古屋市中村区の旅館魚芳で開かれた。そこは中村民商大島会長の紹介だった。彼は、旧大門遊郭地域の大顔役の一人だったということだ。

共産党県常任委員会は、名古屋市公会堂六〇〇人集会周辺における大量の張り込み隊配置とともに、懇談会の旅館周辺でも張り込んで、査問のために、参加党員の人数と顔をチェックしていた。懇談会側も、それに気付いて、共産党にたいする見張りを立てていた。ただ、私は共産党中北地区常任委員であり、中村区担当であるにもかかわらず、この集会や懇談会のことをまるで知らなかった。むしろ、それは、県常任委員会レベルの秘密行為で、地区レベルには意図的に隠され、知らされていなかったといえよう。

すると、見張っていた中村区笹島自労細胞の党員が、旅館近くの電柱の陰に隠れつつ、共産党側の張り込み隊を指揮している県常任委員田中邦雄を発見した。彼は、県農民部長とともに、反党分子対策委員会責任者をしていた。彼は、有力な反党分子と見なされていた愛知県渥美半島の杉浦明平・清田和夫の尾行・張り込みを日常的に指揮し、二人の反党活動実態を常時、党中央に報告していた。笹島自労党員たち数人が、彼を捕え詰問した。彼が言を左右にして言いつくろうので、自労党員たちはそれなら尾行・張り込み犯罪の件で、すぐ近くの中村警察署まで行って話を聞こうと詰め寄った。すると、田中邦雄は、真っ青になり、がらりと態度を変え、警察に連れて行くのだけはやめてくれと土下座して懇願した。自労党員たちは、彼に一筆書かせてから、立ち去らせた。

集会・懇談会参加という規律違反名目だけで、永田・酒井二人を除名するのなら、この自労党員たちも除名すべきであろう。それをしないで、二人の除名だけにしたのは、除名理由はあくまで別件逮捕名目であり、真の理由は大須事件公判闘争方針における意見の対立だったことを証明している。宮本顕治の得意技は、批判・異論者を排除する真因を隠蔽し、別の規律違反をでっち上げて除名する手口である。反党分子、または、除名・査問対象者にたいする尾行・張り込み行為は日本共産党の常套手段である。県常任委員田中邦雄は、次の国民救援会の乗っ取り・分裂工作でも、反党分子対策責任者として、その策動の先頭にたった。

第三問題　一一月二一日、愛知県国民救援会の乗っ取り・分裂策謀

このテーマをめぐる問題は、三大騒擾事件裁判において、大須事件のみに騒擾罪を成立させた上で、ソ中両党命令に隷従した法廷内闘争方針の誤りと並んで、公判支援体制を恣意的に破壊する犯罪的役割を果たした。経過が複雑なので、その背景やエピソードも含め詳しく検証する。

第一・第二問題の経過から、宮本顕治と野坂参三は、一、共産党愛知県常任委員会と二、大須事件被告・弁護団の共産党グループにたいし、永田末男ら二人の公判闘争方針転換に関する主張を危険視し、拒絶するよう指令した。なぜなら、彼らの主張は、宮本・野坂が隷従するソ中両党の国際的秘密命令に違反するからである。そこから、彼らを裁判闘争の救援活動や被告団活動の中心から排斥するよう党内命令を出した。以下の内容は、いくつかの文書、永田・酒井除名決議文書、酒井博元被告の証言、他関係者数人の証言に基づいている。正確で詳細な記録は、『あいち救援通信』(第六〇・六一・六二合併号、一九六五年二月一五日、六〇頁)である。それは、国民救援会愛知県本部が発行し、〔資料九編〕と大混乱の一一月二一日愛知県国民救援会本部第八回総会の前後経過を、共産党側文書を含めて載せている。資料が多いので、引用頁数は書かない。

宮本顕治は、愛知県国民救援会から、その中心となっている永田事務局次長・酒井常任書記と党籍不明者藤本功事務局長ら三人を排除しようと策謀した。とくに、まず藤本功を事務局長から排斥・解任しようと謀った。その背景には、国民救援会の活動方針をめぐる意見の対立があった。

愛知県国民救援会本部は、大須事件裁判闘争の支援活動をする中心組織で、松川守る会・白鳥守る会運動を含め、全国的にも強力な運動をしていた拠点救援会だった。愛知県の松川守る会は、全県的に広範な市民を結集し、『あいち松川通信』を四〇号(一九六四年一一月二〇日)まで発行していた。松川守る会は、国民救援会と別組織だが、対等・平等な共闘活動をしてきた。

一九六三年九月一二日、松川事件無罪が確定した。無罪判決後の松川守る会や国民救援会運動の路線をめぐって、愛知県国民救援会と共産党中央=国民救援会本部共産党グループとの意見が対立した。愛知県松対協会長は名古屋大学信夫清三郎教授だった。それを発展的に解消させ、運動を広げる新たな組織を創ろうとの意見が盛り上がった。そこから、弾圧事件救援活動だけでなく、冤罪・公害・労働者首切り問題にも取り組む「愛知人権連合」結成に進んだ。その会長に新村猛名古屋大学教授がなった。そのテーマに賛同し、愛知県の社会党、愛労評、多数の労働組合も幅広く参加した。

共産党中央と日本国民救援会本部共産党グループは、国民救援会を、一、権力による弾圧事件の救援を重点とすべきで、二、愛知県本部が主張する冤罪・公害・労働者首切り問題にも拡大する路線は、ブルジョア・ヒューマニズムだと批判し、対立した。三、その根底には、松川運動から、どのような教訓を引き出し、救援運動を発展させるべきかという意見の相違があった。愛知県国民救援会や松川守る会活動家たちは、松川運動体験から、救援活動をさらに広範な市民運動にするには、人権擁護課題を全面的に掲げる組織にすべきだと考えた。それが松川運動の教訓だと総括した。

　それにたいし、党中央と日本国民救援会本部の共産党グループは、国民救援会が取り組むテーマを、あくまで弾圧事件救援という階級闘争課題に限定すべきだと主張した。国民救援会常任書記酒井博の証言によれば、共産党は、救援活動が、松川運動の広津和郎を乗り越えなければならないと口頭で力説した。広津和郎らの執筆活動・言動や松対協の活動レベルをブルジョア・ヒューマニズムと決め付け、無原則的な幅広統一運動と否定した。それは、宮本顕治が、松川事件の無罪後、彼特有のセクト主義思考・階級闘争至上主義を剥き出しにした左翼反動的な路線転換の主張だった。

　国民救援会は、たしかに共産党員が中心になっていた。戦前の救援組織は赤色救援会であり、検挙された共産党員・家族を支援する階級闘争組織だった。それは、戦後も、民青と同じく、スターリンのベルト理論に基づく共産党指令に忠実な大衆団体だった。宮本顕治の路線転換主張は、松川運動から、共産党にとってのマイナス教訓を読み取ったレベルだった。それは、松川運動を無原則的な幅広の統一と否定し、国民救援会を共産党ベルトとしての大衆団体赤色救援会（戦前のモップル）に逆転換させようとする方針だった。ベルト理論とは、共産党系大衆団体を利用し、それらを共産党中央の路線・方針の伝導ベルトとし、共産党の政策を広範な人民に広め、共産党支持者にするという考えである。

　それ以前の時期から、すでに宮本顕治は、松対協の活動実態にたいし、批判・不満を抱いていた。彼は、宮本百合子の『松川事件めぐる談話』問題で松対協などへの批判論文を『多喜二と百合子』（一九五三年一二月号、一九五四年六月号）で二回発表していた。松対協対策問題と国民救援会問題にたいする彼の路線逆転換動機や背景は三つある。

第一動機と背景　松対協や松川守る会の活動家たちは、宮本百合子発言『二つの教訓』が松川事件公判に大きなマイナス影響を与えたとする批判を高めていたからである。赤間被告がチンピラ青年だったのに、百合子発言は、彼を職場の積極分子と誤認し、かつ、その積極分子がやりもしないことを自白したと非難する論旨だった（『新日本文学』一九五一年一〇月号）。宮本論文は、それにたいする百合子全面擁護論だった。それは、同時に、党中央・宮本顕治による松対協批判とその活動家批判を内包していた。百合子を批判するような大衆団体・運動を許さないとする対応である。その詳細は志保田行による私のホームページファイルに載せた。

第二動機と背景　その根源には、他の動機もあった。彼は、松川運動で幅広くなった救援運動において共産党の主導権が奪われて行く状況にたいし、危機意識を抱いた。その思考は、松川運動後の組織や国民救援会を、共産党中央委員会の指令が貫徹される大衆団体に変質させようとしたスターリン型のセクト主義理論に基づいている。それは、一九六三年の松川事件無罪確定後になって、松川運動の教訓をどう汲み取り、継承するのかという時期に、宮本顕治と愛知県国民救援会との意見対立となって表面化した。

第三動機と背景　愛知県問題だけでなく、松対協活動家と党中央・宮本顕治との意見対立も、松川運動における共産党関係や、松川事件無罪判決後の運動方針をめぐって強まっていた。松川運動に加わった人ならほとんどが、松川守る会・松対協の中心活動家である共産党員小沢三千雄を知っている。彼は、無罪判決後、『万骨のつめあと―秋田から松川事件まで』と『勝利のための統一の心―松川運動から学ぶ』という二冊を自費出版した。彼は、その著書において、松川運動に現れた共産党の統一戦線理論の裏側にあるセクト主義行動の実態を批判した。私はこの二冊を借り受けて読んだが、共産党批判はごく一部であり、松川運動の体験と教訓を真摯に記述している。宮本顕治は、共産党批判公表を理由として、党員小沢三千雄を除名した。私のホームページファイルで、志保田行がその一端を記している。

それらの現象にたいし、松川運動に先進的に取り組み、かつ、大須事件公判の中心支援組織だった愛知県国民救援会本部は、大須事件公判の支援運動を広げるためにも、松川守る会を一段と幅広い人権擁護テーマを取り上げる組織に発展させる必要があるとの認識で一致した。大須事件第一審公判は一二年目に入っていた。

国民救援会をめぐる問題は、複雑で、テーマも錯綜し、分かりにくい面が多い。そこで、一、宮本顕治・日本国民救援会本部・その共産党グループと、二、愛知県国民救援会本部との対立点を簡潔に確認しておく。それは三つある。ただし、当時、国民救援会という組織は、日本本部と愛知県本部と名乗るように、運動の性質から、民青などと違って、中央集権的システムでなく、日本本部と各都道府県組織は自立的で、対等平等な関係になっていた。日本本部とその共産党グループは完全に宮本顕治指令の下部組織になっていたので、以下は宮本顕治の方針として書く。共産党愛知県常任委員会も、日本本部とまったく同一の方針で、宮本顕治による党中央指令のルートで策動したからである。

対立点一　無罪確定後、松川守る会・松対協という組織をどうするのか

一、宮本顕治は、松川運動にたいするそれまでの不満もあって、共産党批判者や百合子批判者を内包するような松川守る会・松対協という組織を危険視した。そして、無罪確定後にそれらの組織自体を全国的に解散させようとした。今後は、国民救援会だけでよいという方針を出していた。それにもかか

わらず、愛知県本部が「愛知人権連合」に発展させた行為を、共産党・宮本顕治方針への叛逆ときめつけ、「人権課題に取り組むのはブルジョア・ヒューマニズムだ」とした。そして、共産党中央・愛知県常任委員会と日本本部挙げて、猛烈な「愛知人権連合」批判キャンペーンを開始した。

二、それにたいし、愛知県本部は、松川守る会・松対協の拠点組織としての運動体験をしてきただけに、その組織を冤罪・公害・労働者首切り問題にも取り組む「愛知人権連合」に発展させるべきだと考えた。その路線で、共産党を除く、全役員・会員・団体が一致した。そして、会長に新村猛名古屋大学教授を選び、発足した。

対立点二　国民救援会が取り組む今後の課題をどう決定するのか

一、宮本顕治は、松川守る会・松対協運動が幅広い国民運動になり、国民救援会も同じ傾向になるにつれ、救援運動分野において、共産党の指導権が薄れることに危機意識を抱いた。そこから、松川運動の後半から、その傾向を無原則的な幅広のみの統一行動とする批判を、運動内部の共産党員を通じて開始させていた。同時に、国民救援会を、戦前の赤色救援会（モップル）のように、権力による弾圧事件救援を重点とした共産党主導の階級闘争組織に引き戻すことを指令した。

彼は、共産党こそが科学的社会主義の真理を認識・体現・実践しうる唯一者であると自己規定する前衛党理念の持ち主である。それは、他政党・他団体は、真理を認識・体現できないと断定する、うぬぼれた差別思想である。彼の思想・行動を歴史的に見ると、彼は、その観念から、あらゆる大衆団体・運動において、共産党中央＝宮本顕治の指導権を樹立できるのかどうかを方針決定の基準としている。それができないケースでは、第一、その大衆団体乗っ取りクーデターをするか、または、第二、第二組合式の分裂組織を共産党自らが創設する。その具体的現れの証拠は無数にある。共産党系大衆団体にたいする三大クーデター事件が、その典型である。一九七二年対民青・新日和見主義分派事件クーデター、一九八三年対民主主義文学同盟クーデター、一九八四年対平和委員会・対原水協クーデターなどである。クーデターという意味は、それら共産党系大衆団体内の共産党グループが、宮本顕治・党中央指令に従わず、独自の方針・行動をとり始めた事態にたいして、宮本顕治が彼らを批判キャンペーン・査問・処分・追放し、宮本忠誠派党員に総入れ替えした強権的事件を指す。これらの党内クーデター三事件については、ホームページファイルで詳細な分析をした。

二、それにたいし、愛知県本部、および、国民救援会の共産党事務局細胞は、国民救援会と松川守る会・松対協が連携してきたように、国民救援会と愛知人権連合とが提携して、弾圧事件救援への取り組みはいうまでもなく、もっと幅広く、冤罪・公害・労働者首切りなどの人権問題にも取り組むべきだとの方針で一致した。

対立点三　愛知県国民救援会本部事務局員らは、宮本忠誠派か、党中央批判派か

一、宮本顕治は、日本国民救援会本部だけでなく、各都道府県国民救援会を、民青と同じレベルの事実上の共産党下部組織にすべきだと考えた。しかも、松川運動にたいする不満・批判から、松川事件無罪確定後、自立的で上下関係のない当時の組織システムを、民青と同じ中央集権的大衆団体に変質させる方針を決定し、全党に指令を出した。

事務局長藤本功は、五〇年分裂時期に党籍が不明となり、復党していなかった。共産党は、コミンフォルム批判時の党員二三万六〇〇〇人が、六全協時点で三万五〇〇〇人に激減し、ほぼ壊滅した。二〇万人・八五％が党を離れた原因は、武装闘争問題を主因とする離党・除名・党籍不明などである。藤本功は、その二〇万人の一人にすぎない。共産党は、その彼を党からの脱走者ときめつけた。事務局次長永田末男や常任書記酒井博らは、党中央が出した四・一七スト中止指令と部分核停条約反対決定にたいし、党内で批判意見を提出していた。事務局細胞は、被告団専従片山博も含め三人がいた。それだけでなく、最大の問題は、大須事件公判方針をめぐる意見の対立だった。宮本顕治と愛知県常任委員会は、そこでの藤本功の影響力が大きいと判定し、まず、彼を事務局長から解任・排斥する方針を決定した。

二、永田・酒井・片山ら共産党員三人は、宮本顕治と県常任委員会の方針に納得しなかった。意見の対立は、さまざまなテーマに広がった。ここでは主要な五つの意見対立点を確認する。第一、大須事件公判方針。第二、四・一七スト中止指令。第三、部分核停条約反対決定。第四、愛知人権連合の可否。第五、松川運動後における国民救援会の課題などである。

宮本顕治は、それらの対立が解決できないと見るや、愛知県国民救援会本部への全面的クーデター方針を決定し、県常任委員会にたいし、藤本を含む四人の全員排除を指令した。

この時点、永田・酒井は、まだ共産党除名になっていなかった。藤本事務局長は、日本敗戦時、大連にいて、石堂清倫とともに、日本人帰国運動を支援した。共産党愛知県常任委員会は、党中央指令を受けて、近くの旅館を借り、そこを秘密指令本部とし、箕浦一三県副委員長・准中央委員が陣取り、国民救援会費の長期滞納者も総動員した。酒井博の証言によれば、党中央から袴田里見も駆け付けて、同じ旅館に陣取って、党中央指令を出していた。

県常任委員・反党分子対策委員会責任者の田中邦雄は、総会に出席できない会員の委任状まで集め、箕浦准中央委員と連絡を取りつつ、総会で藤本の排除を迫った。排斥名目は、誤ったブルジョア・ヒューマニズム路線だから事務局長をやめさせよという理屈である。その本音は、愛知県国民救援会から共産党批判・異論を持つ事務局メンバーを排斥することだった。ただ、愛労評も、異様な事態を心配して、動員をかけていた。

しかし、愛知県国民救援会会長の真下信一名古屋大学文学部教授や、総会議長をした稲子恒夫名古屋大学法学部教授からも、共産党側による排除策謀を批判・反対されて失敗した。

稲子恒夫名誉教授は、自宅に訪問した私の直接取材にたいし、当日の総会状況を次のように話した。真下会長は、共産党の横暴・無法な役員排斥言動にたいし、強烈な怒りを表し、共産党の発言者に掴みかからんばかりに詰め寄った。真下教授は、それ以前の理事会でも同じ排斥主張と理不尽な行動をした共産党にたいし、「共産党の態度は許せない。役員排斥言動に反対する私の気持ちは変わらない」とする公開質問状まで提出し、抗議していた。その雰囲気において、共産党のあまりにも無法な藤本排除要求と大衆団体乗っ取り策謀に参加会員たちが怒った。その結果、藤本排除どころか、逆に共産党田中邦雄ら数人が総会で除名されてしまった。

すると、宮本・袴田は、共産党愛知県常任委員会に指令し、次の手口として、共産党員・支持者を集団脱退させ、第二国民救援会という分裂組織をでっち上げた。真下教授は、共産党の国民救援会分裂工作への反対を表明した。稲子教授は、共産党による党員脱退命令に同調せず、国民救援会に残った。共産党は、真下信一は偏向していると、党内外で真下批判キャンペーンも展開した。国民救援会本部も、愛知県国民救援会は、たたかう敵を間違えていると、党中央の批判キャンペーンに同調する宣伝を行った。これにたいし、新村猛名古屋大学教授は、愛知人権連合会長の立場から、岩波書店雑誌『世界』において、論文「人権と平和」を載せ、そこで共産党のブルジョア・ヒューマニズム否定論と大衆団体乗っ取り策謀を痛烈に批判した。愛知人権連合は、その後、機関紙『人権のひろば』を、一九六五年から一九七八年まで、一二〇号を発行し、幅広く人権擁護運動を展開した。

愛知県国民救援会への分裂策動問題でのエピソードは多数ある。ここには、酒井博が証言した二つだけを載せる。

第一、弁護士安藤巌は、愛知県第六区衆議院議員に当選する前、愛知県人権連合方針に賛成していた。一九六三年六月二三日、日本国民救援会第一八回総会が開かれた。愛知県からは、一、愛知県人権連合方針賛成派と、二、党中央路線の愛知県批判派が参加した。総会では、日本国民救援会役員・共産党愛知県常任委員松井孝らが、党中央方針そのままに、愛知県人権連合方針を全面否定する発言を行った。安藤巌は、総会で、藤本・永田らの意見に同調する発言をした。総会後、共産党は彼を査問し、同調したのは誤りだったと彼に自己批判をさせた。彼は反対・脱退派に転向させられた。

第二、愛知県委員長・中央委員神谷光次は、日本本部総会代議員選出の愛知県国民救援会理事会に出席した。代議員候補リストに、元名古屋中央郵便局細胞長・被除名者安井栄次や被除名者岡本耕一が載っていた。それにたいして、神谷共産党中央委員は次のように発言した。安井らは、共産党の正しい四・八声明に反対した。そのような反党活動をしている者を選ぶべきでない。これは、大衆団体における共産党側の正式発言である。その根底には何があるのか。それは、共産党中央委員会が、国民救援会を、共産党の指導を受けるべき下部組織と捉えていることを示す、驚くべき証拠である。もちろん、その理不尽な要求は否決され、中郵細胞・被除名者岡本耕一も代議員となり、総会に参加した。当然、神谷中央委員の発言は宮本顕治指令に基づく行為である。

神谷光次は、私が一九六〇年安保闘争時期に入党した時点以前から、県委員長だった。私は、彼の県党会議や活動者会議での報告を数十回聞いている。彼が、箕浦一三准中央委員・県副委員長の一面的な党勢拡大追求や党破壊結果にたいし、見て見ぬ振りをしていたことに批判を持ってはいても、彼の温厚な人柄を尊敬していた。しかし、党中央指令に基づいて、上記のような言動をしたことに彼の専従人格の裏側を発見した。ただし、四・八声明で、国鉄名古屋駅三細胞が、名古屋駅には謀略や挑発の証拠などないと猛反対したことにたいし、私が、これは党中央の決定だ、それに無条件で従えと共産党専従の常用手口を行使した行為は、彼と同類であり、彼を批判する資格がない。

このような大衆団体乗っ取り策謀、共産党批判者・異論者排斥作戦、または、それに失敗したら第二組合的な分裂組織をでっち上げる手口は、宮本顕治が、一九六〇年代に、学生運動、文学運動で大展開した路線の一環である。スターリン崇拝者宮本顕治は、スターリンのベルト理論を信奉し、あらゆる大衆団体を共産党の路線・方針を大衆に伝導するベルトに変質させるために全力を挙げた。愛知県国民救援会問題も、彼の一貫した、宮本顕治に忠誠を誓う共産党系大衆団体づくり策謀の中で位置づける必要がある。

四、一九六五年六月八日、永田末男・酒井博除名

共産党愛知県委員会総会は、国民救援会事務局細胞の永田末男と酒井博を除名した。酒井博は、事件当時、愛知県春日井市を含む愛知第二選挙区の愛日地区委員長だった。二人の除名理由は、表裏で三つあり複雑に絡まっている。

一、表向きの理由は、一九六五年四月八日、名古屋市公会堂における集会とその後の旅館魚芳における懇談会に参加したという行為だけである。集会は、除名されていた志賀義雄、鈴木市蔵、中野重治、神山茂夫らを講師として開かれ、愛知県の党員たちと文学関係者や離党者など六〇〇人が集った。また、酒井博が『日本のこえ』機関紙を配布したことを規律違反とする除名だった。集会と懇談会に参加したこと、機関紙配布行為だけで除名にするのは口実であって、真の除名理由を隠した別件逮捕というべき処分だった。というのも、永田・酒井は、日本のこえ組織に加入していないからである。しかも、二人以外で、集会参加六〇〇人中の党員や懇談会参加五〇人の誰も除名などしていないからである。

よって、六月八日の二人の除名決定文書は、日本のこえ加入を書くことができなかった。日本のこえ組織に加入もしていない党員を除名するという異様な規律違反処分は、全党的にもこの二人だけであろう。ここにはその文面を載せないが、私は酒井博から、二人の除名決定文書を借り受けて、全文を確認している。

この別件逮捕手口は、批判・異論党員を党内外から排除する宮本顕治の常套手段である。彼が日本

のこえ関連で除名した党員は、党中央公表で六三人にのぼる。そして、日本のこえ問題とは、部分核停条約賛否問題のことである。それは、宮本顕治が、中国共産党隷従の反国民的立場に基づいて、部分核停条約賛成党員を大量除名した一大粛清の党内犯罪事件だった。

二、真の理由は、大須事件裁判闘争方針をめぐる意見の対立だった。その内容は、不当な騒擾事件裁判といえども、あくまで刑法に基づく刑事裁判である。警察・検察が、共産党による火炎ビン武装デモの計画・準備事実を完璧に掴み、公判において裁判長がその検事調書五一二通のほとんどを証拠採用してしまった。よって、それらの事実を認めた上で、警察・検察の騒擾罪でっち上げ謀略とたたかうべきとする法廷闘争の基本路線をめぐる対立だった。一九五五年六全協で、共産党宮本・志田は、ソ中両党命令に隷従し、極左冒険主義の誤りという抽象的なイデオロギー総括だけで、大須事件その他具体的な武装闘争事件にたいして、なんの総括も自己批判もしなかった。

一九五八年第七回大会でも、宮本・野坂らは、武装闘争の誤りは二行の記述だけで隠蔽した。事件後それまでの六年間、メーデー事件と同じく、共産党は、少数の共産党員弁護士まかせで、大須事件に対する組織的支援をまるでしなかった。第七回大会は支援決議をしたが、それは形式に終った。宮本・野坂が、火炎ビン武装闘争実行者を武装闘争で崩壊した共産党を再建する上の邪魔者と見なし、見殺しにするという敵前逃亡指導者たちに変質したことが明白になってきた。一九六五年までの一三年間の大須事件被告人＝事件首魁としての公判闘争は、すでに約六〇〇回を数えていた。第一審公判に六〇〇回も出廷し続けるなかで、永田・酒井は、宮本・野坂らの人間性の欠如、知的・道徳的退廃を痛感した。

三、隠蔽された他の理由は、国民救援会事務局細胞が、四・八声明のスト中止指令にたいし反対するという抗議電報を野坂参三議長宛に提出した行為である。

宮本顕治は、共産党員・支持者を集団脱退させ、第二国民救援会をでっち上げることによって、大須事件公判闘争の支援組織を分裂させ、破壊した。さらに、大須事件被告団長ら二人を別件理由によって除名し、かつ、永田を被告団長から解任し、公判闘争一三年目の被告団内部体制を破壊した。彼の行為が、騒擾罪成立の原因（二）をなしていることは否定できない。大須騒擾事件第一審公判をたたかっている最中に、宮本顕治は、なぜこのように無法な手口で、批判・異論者を解任・除名する必要があったのか。

五、宮本顕治による一九六七年からの党史偽造と敵前逃亡

宮本顕治言動のデータ二つ

宮本顕治は、一九六五年六月八日、大須事件被告団長永田末男と酒井博を除名した。一九六六年四月一〇日、彼の被告団長を解任させた。大須事件被告人永田末男は、一、一九六九年三月一四日、第一審最終意見陳述を行った。彼は、そこで、宮本顕治と野坂参三の党史偽造歪曲犯罪と敵前逃亡犯罪言動を暴露し、告発した。さらに、二、一九七〇年一一月、大須騒擾事件控訴趣意書において、二人の言動を具体的データで詳細に告発した。

永田末男は、『控訴趣意書』において、宮本顕治が行った三回の言動、その年月日データを挙げた。三

回の全文はホームページ第五部二・資料編に載せたので、ここには、最初二つの言動事実のみを載せる。

一、一九六七（昭和四十二）年七月「朝日ジャーナル」誌記者とのインタビューの中で宮本書記長は次のように語った。極左冒険主義の路線は、以上の党の分裂状態からみれば、党中央委員会の正式な決定でなかったことも明白です。当時、分裂状態にあった日本の党の方で指導的な援助をもとめたということはあるにしても、ソ連共産党と中国共産党が、当時の党の分裂問題にかんして、四全協決議を一方的に支持して、それに批判的な側を非難したり、あるいは極左冒険主義の路線の設定にあたって、これに積極的に介入したということも、今日では明白です（「赤旗」一九六七・七・二八第二面掲載）。

二、一九六八年六月二十九日には、参議院選挙を前にしたNHK東京一二チャンネルの選挙番組「各党にきく」に出席したのである。「いわゆる火炎ビン事件というのは、これはよくいろいろなときにも ち出されるのですが、あのとき、共産党は実際はマッカーサーの弾圧のなかで指導部が分裂していて、統一した中央委員会でああいう方針をきめたわけではないのです。ですから、党の決定にはないわけです。一部が当時そういう、いわば極左冒険主義をやったので、それは正しくなかったといって党はこれを批判しています。したがって党が正規にああいう方針をとったことはなかったのです」（「赤旗」一九六八・七・一付三面掲載）。

宮本言動の三つの犯罪性

それ以降、彼の発言は真実だと国民・左翼・共産党員に受け止められてきた。それが真実なら問題はない。しかし、その発言内容が、五全協武装闘争共産党の実態に照らし、半非合法・武装闘争時期にたいする意図的なウソ＝党史偽造だったとしたらどうなるのか。彼の言動は三つの犯罪性を持つ。それは、日本共産党全体にたいする犯罪とともに、大須事件公判において、法廷内外体制の欠陥を生み出し、騒擾罪成立原因の一つとなったからである。

第一の犯罪性　党史の偽造歪曲とその歴史的証拠

宮本顕治が、極左冒険主義をやったのは、分裂していた党の一部であり、統一した中央委員会がやったわけでないとした主張は真実なのか、それとも党史の偽造歪曲なのか。彼が言う極左冒険主義とは、武装闘争の具体的実践のことである。これが党史偽造歪曲なら犯罪性を持つという意味は、現在の宮本共産党と大須事件とはなんの関係もないとし、その結果、自動的に大須事件被告人一五〇人を切り捨て、見殺しにするという冷酷非情な自己保身犯罪になるからである。

第二の犯罪性　一九五二年武装闘争の騒擾事件裁判一五年目における敵前逃亡

宮本が『朝日ジャーナル』のインタビューで答えた一九六七年七月といえば、三大騒擾事件公判開始一五年後であり、いずれも公判闘争中だった。大須事件第一審は、一九六七年七月一四日、第七五五回公判を開き、証拠調を終結したところだった（『大須事件五〇周年記念文集』一四五頁）。

犯罪という意味は、宮本言動が大須事件のみに騒擾罪を成立させる上での共産党側・宮本顕治による副次的原因になったからである。大須事件被告一五〇人は、警察・検察の騒擾罪でっち上げの国家権力という敵とたたかっていた最中だった。宮本顕治の敵前逃亡とは、この言動により、被告・弁護団・家族たち全員を、現在の共産党・宮本体制から切り離し、関係ないとし、見捨て、見殺しにした犯罪行為を指す。これについて、大須事件被告団長を宮本顕治の報復により解任された永田末男は、裁判書面において、痛烈に批判した。

他の武装闘争事件で逮捕・起訴され、その刑事裁判が終わり、有罪となった共産党員たちも多数いた。逮捕を免れた党員でも、武装闘争参加で心身ともに傷ついた。その後、六全協前の総点検運動二回という全党的な相互批判・査問活動も受け、党員三三万人中、二〇万人が離党し、または、除名で排斥された。それは、宮本顕治も自己批判・復帰し、統一が回復した正規の五全協中央委員会がしたことだった。

宮本顕治は、スターリン裁定裏側の秘密人事指令＝分派の宮本ら七人・二〇％は中央委員に選ぶなという国際的指令で選ばれなかった。隷従下共産党にたいし、スターリンやソ中両党がそのような人事指令・干渉をしたのは、当時の国際的慣行だった。そのことを口実にし、彼は次のような得意の詭弁を使った。そもそも私（宮本）は、第六回大会選出の正規中央委員であり、かつ、政治局員だった。自分が自己批判書を提出し、主流派に復党したのに、自分を中央委員にさせなかった五全協中央委員会は、正規の中央委員会ではなかった。

最長二六年間に及ぶ騒擾事件裁判中の党員、武装闘争に参加したが六全協共産党に残った党員三三万人、離党・被除名の党員二〇万人にたいし、宮本顕治は、現在の党（＝宮本顕治）にその責任がないと見殺しにし、切り捨てた。武装闘争事件で起訴された党員はどれだけいるのか。彼が、スターリンの分派裁定に屈服し、五全協武装闘争共産党に自己批判・復帰していなかったのなら、彼の言動は正当化される。しかし、真実は違っていたという証拠が出揃った。

敵前逃亡という言葉は、大須事件元被告酒井博が、提起した。彼は、それを、騒擾罪でっち上げ策謀中の検察庁・警察庁という敵とたたかっている騒擾事件公判一五年目に発せられた宮本言動の性質を規定するものとして何度も使っている。私も、酒井博が実感した性格規定に同意して、使用する。

敵前逃亡を謀ったメンバーは、一、武装闘争を指令した党中央軍事委員会、二、大須事件では、火炎ビン武装デモを命令した党中央軍事委員岩林虎之助、三、六全協トップになった野坂参三第一書記、武装闘争時代の党中央軍事委員長志田重男、スースロフ・毛沢東の秘密人事指令で指導部に復帰できた宮本顕治常任幹部会責任者ら三人と、四、地方派遣の党中央軍事委員たちである。そのなかでも、共産党の最終政策決定権を占有するようになっていた宮本顕治が武装闘争事件一五年後に行った言動は、公判にたいするマイナス影響力から見て、もっとも悪質な犯罪性を帯びる。

敵前逃亡の内容は、次である。宮本顕治らが自己批判・復帰し、統一回復をした正規の五全協共産党中央指導部が、武装闘争方針を出し、各地で火炎ビンなど武器使用活動＝Z活動を指令してきたにもかかわらず、彼らは、一九五五年六全協後、極左冒険主義の誤りというイデオロギー規定をしただけで、自分たちの指導責任に頬かむりして、ほぼ全員が六全協役員、一九五八年第七回大会中央委員に復帰した。問題は、武装闘争の具体的総括と公表について、ソ中両党の総括・公表禁止命令に屈服したままで、火炎ビン武装闘争の被指令者・実行者たちに具体的な支援・救援活動をすることを事実上放棄し、見殺しにしたという犯罪行為のことである。それは、騒擾罪でっち上げの国家権力犯罪・刑事裁判への対応姿勢において、共産党中央トップたちが自己保身目的による知的・道徳的退廃にとりつかれ、下部の武装闘争実行党員たちを切り捨て、大須事件では被告一五〇人を見殺しにし、逃亡した犯罪のことである。

表十六　党員数、国政選挙議席・得票数の増減

年	事項	党員数	届出党員数	総選挙		参院選
			勅令→団規令	議席	得票数(万)	議席
一九四五	一二・一　第四回大会	(発表)　一一八一				
一九四六	二・二四　第五回大会	(発表)　六八四七		五	(二名連記)　二一三	
一九四七	一二・二一　第六回大会	(推定)　七〇〇〇〇	六二五	四	一〇〇	四
一九四八			一六二八一			
一九四九		(徳田論文)　二〇〇〇〇〇		三五	二九八	
一九五〇	一・六　コミンフォルム批判	(発表)　二三六〇〇〇	一〇六六九三			三
一九五一	二・二三　四全協	(?)　八三五七八	五九〇三三			
	一〇・一六　五全協		五一一一三			
一九五二	一二　全国軍事会議	(推定)　七五〇〇〇	四八五七四	全員落選	九〇	
一九五三	七・二七　朝鮮戦争休戦協定	(推定)　七三〇〇〇		一	六六	全員落選
一九五四	一二　全国組織防衛会議	(推定)　六二〇〇〇				
一九五五	七・二七　六全協	(推定)　三五〇〇〇		二	七三	
一九五六		(推定)　三六〇〇〇				二
一九五七		(推定)　三八五〇〇				
一九五八	七・二一　第七回大会	(発表)　三万数千		一	一〇一	

表十六のデータは、『回想』巻末の「日本共産党年表」(二七六〜二八三頁)にある数字である。それを私が(表)に編集した。(発表)数字は、日本共産党の正式発表である。(推定)数字は、警察庁警備局側のものである。第七回大会発表が党員数三万数千なので、それ以前の(推定)数字も近似値といえる。党

員数二三万六〇〇〇人は、一九五〇年四月二九日、第一九回中央委員会総会の発表数字である。二つの（発表）数字を比較する。二三万六〇〇〇人－三万数千＝二〇万〇〇〇〇人である。党員残存度は、三万数千／二三万六〇〇〇人×一〇〇＝一五％となった。この二〇万党員、八五％のほとんどは、その後も、日本共産党に戻らなかった。総選挙は、三五議席から、全員落選＝〇議席を経て、次回で一議席になり、得票数は、三分の一に激減した。大衆団体も、数字的データはないが、崩壊・解散、および会員数が激減した。党員数と同じように、共産党系大衆団体数・会員数も八五％が崩壊・激減したと推定される。

ただし、この宮本言動の無責任さは、すでに六全協における彼の言動に潜んでいた。宮本顕治・野坂参三は、武装闘争参加・起訴者・離党者・被除名者などの人数を調べようともしなかった。これも、敵前逃亡犯罪行為に該当する。それを告発した有名な詩が六全協後に発表された。

以下は、小山弘健『戦後日本共産党史』（芳賀書店、一九六六年、絶版、一九四頁）「第四章責任追及と責任回避」からの抜粋である。

・野坂参三は、九月二一日「アカハタ」で、誤りを認めた。しかし、彼は、誤りを犯した人にたいしてただちに不信を抱いてはならない、たんに身をひくことが責任をとる正しい方法ではないとして、責任をとろうとしなかった。

・宮本、春日（庄）らも、自分らのおかしたあやまちについて、なに一つ自己批判を表明しなかった。彼らは、責任の所在をあいまいにし、ごまかしてしまうという第二の重大なあやまちをおかした。宮本顕治は、総括・公表を要求する党中央批判党員たちにたいして、うしろ向きの態度とか、自由主義的いきすぎだとか、打撃主義的あやまり、清算主義の傾向とかの官僚主義的常套語で、水をかけ、武装闘争総括をおしつぶす先頭に立った。

・上層幹部たちのこのような責任回避のありかたにかかわらず、前記のように全党をつうじて、分裂以後の党と党員のありかたにたいするきびしい自己批判とはげしい責任追及のあらしが、まきおこってきた。党はこの九月から一〇月にかけて、中国・北陸・東海・関西・九州・関東・四国・北海道などの各地方活動家会議をひらき、新中央から志田・宮本・紺野・蔵原などが出席した。つづいて一二月にかけて、各地方党会議をひらいて地方指導部をえらんだが、これらのどの会議でも、主流派と地下指導部にたいする非難のこえがわきかえり、収拾つかないありさまだった。

・党の最高指導者たちが、みずから、指導的地位を去ることが責任をとる正しいやりかたではないなどといって全党の責任問題を混乱させているとき、一学生新聞の無名の一記者は、死者のためにつぎのようにうたっていた。

日本共産党よ　／死者の数を調査せよ　／そして共同墓地に手あつく葬れ
政治のことは、しばらくオアズケでもよい　／死者の数を調査せよ　／共同墓地に手あつく葬れ
中央委員よ　／地区常任よ　／自らクワをもって土を起せ　／穴を掘れ　／墓標を立てよ
もしそれができないならば　／非共産党よ　／私たちよ　／死者のために　／
私たちのために　／沈黙していていいのであろうか　／彼らがオロカであることを　／
私たちのオロカさのしるしとしていいのであろうか

(「風声波声」、『東大学生新聞』、一九五六年一〇月八日・第二七四号)

だが党には、ひとりの中央委員もクワをとって土をおこそうとはせず、ひとりの地区委員も穴をほって墓標をたてようとはしなかった。全党あげての論争と追及、党外からのいくたの批判と要求―これらすべては、しだいに、みのりのないのれん談義におわっていった。党外や下部からの責任追及が、上部機関の責任のとりかたに集中化されるのと比例して、奇妙にも「アカハタ」紙上の自由な発言はおさえられ制限されていきだした。国外権威からの原案指示と上層幹部だけのはなしあいで運営された六全協は、必然に新中央による責任問題のホオかむりとタナあげという事態にうけつがれ、さらに党内民主主義の回復途上における中絶という奇怪な事態へと発展したのである。（一八六〜一九三頁）

野坂・宮本体制は、一度も、死者の数を調査せよ！　との要求に応えていないので、私が諸データを集計する。白鳥・メーデー・吹田・大須の四事件で、判明分だけである。不明分は空白にした。数字の出典は、各事件の被告・弁護団側資料と『回想』である。

表十七　野坂・宮本六全協、第七回大会が調査を拒絶した「死者」の数

	白鳥事件	メーデー事件	吹田事件	大須事件	判明分計
一、逮捕	五五	一二一一	二五〇	八九〇	二四〇六
二、起訴	三	二五三	一一一	一五〇	五一七
三、有罪	三	六	一五	一一六	一四〇
四、下獄	一	〇		五	六
五、死亡＋自殺	〇＋三	二＋〇		二＋一	四＋四

六、重軽傷	○	一五〇〇	一一～多数	三五～多数	一五四六～
七、除名				三	三
八、見殺しによる離党	三六				三六
九、逃亡・中国共産党庇護	一〇	○	○	○	一〇

武装闘争発令の中央委員たちは、誰一人として、武装闘争事件による逮捕・起訴もされていない。彼らは、一九五八年の第七回大会においても、極左冒険主義の誤りを二行書いただけで、党の指令に従って武装闘争に参加したものたちの死者の数を調査することを拒絶した。そして、以後も一度も調査をしないで、偽造歪曲党史の闇に隠蔽し続けている。

第三の犯罪性　大須事件公判の党内討論・全県党的取り組みもタブー化

被告人永田末男は、一九六九年三月一四日、『第一審最終意見陳述』において、次のように陳述した。

「かくして極左冒険主義とその産みの児ともいうべき騒擾事件等の問題は、日共党内においては、いわばタブー視され、今日に至るまで明確な理論的検討も総括もなされず、まして真の責任所在も明らかにされないままに放置され、もっぱら多くの被告たちの生身によって贖われるにまかされているといってもよい。事件は、公式には、いわば日共とは無関係のものとされた」と、宮本顕治の敵前逃亡犯罪言動内容を挙げて告発した。

共産党愛知県党内におけるタブー化の実態はどうだったのか。タブー化とは、大須事件公判に関して、党内で何もしない、させない、または、公判闘争に向けた全県党的取り組み・大量動員を、県・地区機関として一切しないという意味である。一方、宮本顕治と愛知県常任委員会は、その裏側において三つの方針で臨んだ。以下は、私の愛知県における民青・共産党専従の一五年間にわたる実体験からの証言である。ただし、何もしない、させないという意図的な不作為を証明する証拠文書はない。

第一方針　一部のみへの丸投げと他の全党組織からの絶縁

大須事件公判闘争は、被告・弁護団とその家族、および、その関係者が所属する共産党細胞に丸投げする。それ以外の党組織にたいし、二六年間に及ぶ公判支援活動や支援集会に動員を掛けない。というのは、一、そもそも、大須事件と現在の愛知県党とには関係などなく、現在の県党として、その事件・裁判に責任を負うこともないからである。それは、宮本委員長が現在の党は、武装闘争になんの関係も責任もないとした何度もの宣言と全党的指令を愛知県に具体化した方針である。二、よって、地区機関や県党内の他細胞には、党勢拡大と選挙闘争勝利を最重点課題とし、赤旗日刊紙・日曜版拡大月間運動や選挙票よみ活動だけに連日取り組ませる。三、ましてや、永田末男・酒井博らが法廷内外において、活発な反党活動を展開している。よって、大須事件と直接の関係を持たない党機関・細胞をすべて、彼ら反党分子から絶縁する措置を講じる必要が生じたからである。四、二人の除名だけでなく、名電報細胞軍事担当LC山田順造も、社会主義革新運動に加わり、六一年綱領に反対したので除名した。五、大須事件被告・弁護団が、三人の反党分子を抱え、彼らがその反党活動を展開している以上、上記の党中央→愛知県委員会方針が党組織防衛上のもっとも正しい路線である。

第二方針　武装闘争の総括禁止・具体的データ公表禁止の国際的指令を大須事件公判にも貫徹

その方針は、ソ中両党と決裂し、その国際的指令が失効した一九五八年後も、大須事件公判内において継続・貫徹する。公判において、火炎ビン武装デモの計画・準備事実などを絶対認めてはならない。あくまで、警察・検察の騒擾罪でっち上げ事実を暴露・追及するだけの公判闘争方針でたたかい続ける。

第三方針　大須事件公判における裏側の共産党体制の構築

現在の共産党は大須事件などの火炎ビン武装闘争に関係がなく、責任を負う必要もないという言動はあくまで表向きの国民欺瞞・一般党員騙しの手口にすぎない。裏側体制とは、公判に向けた党中央指令の貫徹ルート、反党分子動向の党中央報告ルートであり、そのシステムを忠実に実行する。それは次である。一、宮本顕治⇕二、党中央法対部⇕三、愛知県委員長・中央委員神谷光次、県常任委員・大須事件公判担当・反党分子対策委員会責任者田中邦雄⇕四、党中央派遣の主任弁護士伊藤泰方・永田末男解任後の新被告団長芝野一三⇕五、被告・弁護団内共産党グループという五段階の方針貫徹・上級への報告という双方向ルートである。

宮本顕治による第三の犯罪　認識に至った根拠

その根拠を、私の愛知県党体験に基づいてのべる。もっとも、その内容は、大須事件公判に関して、何もしなかった、上級機関から何の組織動員も掛からなかったという体験である。ただし、私は民青・共産党専従として、大須事件支援活動や支援集会動員を掛ける側にいた。本来は、私自身が、大須事件公判を愛知県党の問題として位置づけ、自ら独自にでも取り組むべき立場にいた。それにもかかわらず、それをしなかった責任は私個人にある。大須事件分析の五部全体は、私が専従として何もしなかった、これまで何も知らなかった、また、知ろうとしなかった行為にたいする私の自責の念に基づく記録である。

根拠一　名古屋市民青地区委員長時期の体験

共産党の指導を受ける規約を持つ民青地区委員長の任務は、両上級機関の方針を具体化し、実行することである。当時は、民青の躍進期であり、地区の全班・同盟員は生き生きと活動していた。様々な大集会にも大量動員を掛けた。しかし、その間、民青・共産党という二つの上級機関とも、大須事件の支援活動を呼び掛けたり、支援集会に組織動員の指令を出したことは一度もなかった。

根拠二　名古屋中北地区常任委員・五つのブロック責任者（＝現在の五つの地区委員長）時期の体験

一九六四年から一九七〇年まで六年間、名古屋中北地区常任委員だった。地区は大須事件公判を支援する中心機関のはずだった。大須事件に関して、私は何も知らず、知らされず、支援活動や集会動員を掛けたことは一度もなかった。

たしかに、県党会議や地区党会議などに、新被告団長芝野一三が来て、支援要請の話を聞いたことは事実である。しかし、愛知県委員会も中北地区委員長・県副委員長・准中央委員箕浦一三が、県党全体や地区党全体にたいし、大須事件支援の方針を強調したり、動員を掛けた事実は一切なかった。大動員をし、動員数の事前点検をしたのは、宮本・不破が来名する度毎の六〇〇〇人演説会や毎年の一万人赤旗まつりだけだった。

もし、宮本・不破の六〇〇〇人演説会や毎年の一万人赤旗まつりの時にしたような動員を、大須事件支援集会に一〇数回していたら、マスコミに大きな影響を与え、ひいては、大須事件担当裁判長の心証に法廷外闘争としてなんらかの変化をもたらしたのではなかろうか。これらの事実から、宮本顕治、県常任委員会と箕浦一三地区委員長らは、上記三方針に基づいて、地区機関や他細胞すべてを意図的に大須事件公判に取り組ませないようにしたというのが、私の体験とそれに基づく判断である。

根拠三　愛知県選対部員・県勤務員時期の体験

一九七一年から一九七七年まで、任務変更で、愛知県選対部員・県勤務員をした。総選挙・参院選・統一地方選・中間地方選などに全力を挙げて取り組んだ。県選対部に移った当初、選対部長は田中邦雄で、他部員に元名古屋市軍事委員長千田貞彦がいた。彼らは二人とも、大須事件一カ月前の金山橋事件の元被告で有罪だった。ただ、武装闘争事件の総括・公表タブー化の暗黙指令下で、二人とも金山橋事件については一言もしゃべらなかった。この大須事件分析を書くに当って、多くの関係者に取材をし、証言を求めた。金山橋事件の概要を知ったのは、千田貞彦からいろいろ聞いて、始めて一九五二年度の一事件として位置づけることができた。

選対部長田中邦雄は、農民部長でもあり、かつ、反党分子対策責任者も兼ねていた。彼は、愛知県委員会事務所・あかつき会館二階内で、いつも大声を挙げ、（渥美半島の）明平・清田、（名古屋中央郵便局の）安井・北川と名を呼び捨て、反党分子レッテルを貼って、彼らが行っている最近の反党活動内容を罵倒していた。姓名のうち、清田は姓を言うのに、杉浦明平だけは明平という名だけだった。また、私の選対部机の向こう側で、定期的に党中央宛の最近の反党分子言動報告書を書いていた。ただし、彼ら四人は、タブー化された武装闘争事件とは無関係だった。

一方、彼は、永田末男・酒井博の名前を挙げたことが一度もなかった。大須事件と裁判経過について、彼が事務所内で発言したことを、私は聞いたことがない。除名された二人は、まさにタブー化された武装闘争事件で、宮本顕治に反逆して、大須事件を含む武装闘争の実態総括とデータ公表を要求していたという、もっとも悪質な反党分子だったからであろう。大須事件と裁判に関し、私がこの記録を書くまで、まったく無知だった責任は、もちろん共産党専従だった私自身にある。しかし、宮本顕治のタブー化路線によって、専従といえども、その事実を知らない、知らされないという中間機関専従環境の影響も大きい。

私は、次の事実について確信を持って証言できる。一五年間の専従期間中、一、共産党県・地区委員会が、機関方針として、大須事件支援集会・支援デモや現地調査活動への動員指令を出したことは一度もなかった。二、動員を掛ける立場にあった私もそれらをしたことが全くなかった。三、大量動員方針を出し、参加人数まで事前点検したのは、宮本・不破六〇〇〇人演説会や一万人赤旗まつりだけだった。四、結局、私自身も、大須事件関係の集会・デモや現地調査に参加したことが一度もなかった。これが愛知県党内における大須事件公判の討論・動員タブー化の結果である。今となって、それを恥じても遅いのだが。

六、前衛党最高権力者＝最終政策決定権唯一者の人間性

最終政策決定権唯一者とは、建前として中央委員会・幹部会・常任幹部会という集団指導体制を採っていても、その実態は集団指導における最高権力者・トップという形式的地位に留まらず、宮本個人独裁になっていた実態を示す。一九六四年の四・一七スト破り犯罪問題、部分核停条約賛否問題が発生した中国三カ月長期療養滞在期間も、宮本顕治は最終政策決定権を手放したことがなく、その唯一者であり続け、中国からそれらの問題での指令を発した。

彼の人間性に関しては、私が言うまでもなく、被告人永田末男が一言で断定している。永田は、『第一審最終意見陳述』において、宮本・野坂らの言動を、人間性の欠如とした。さらに知的・道徳的退廃であると規定した。

また、永田末男は『控訴趣意書』で指摘している。よせばよいのに、性こりもなく、けれども、火炎ビンなど…云々と、宮本独特の党分裂無責任論という官僚顔負けの迷論を繰りかえすのである、火炎ビンノイローゼにとり憑かれた彼は、知性も良心もないらしい。なぜなら、正気の人間には、とても、ああいう無恥で無責任な責任論は思い付きうるものではないからだ（七五、七六頁）とした。永田は、大須事件公判闘争を体験する中で、宮本顕治という前衛党最高権力者の無恥で無責任な体質を実感した。

ただ、宮本顕治の人間性を考察する上で、彼がなぜ、どのような動機からこの犯罪的言動を行ったのかを考える必要もある。あらゆる刑事裁判においても、犯罪の動機を立証することは必要不可欠である。それと同じく、宮本言動の三つの犯罪性において、いかなる国際・国内的動機、および、それに直面したケー

スでの個人的犯行動機が潜在したのかを探求する必要がある。それをしなければ、たんなる表面的な言動批判に終ってしまうからである。

彼の無責任で、かつ、武装闘争の現場実行者を切り捨てる冷酷で自己保身的な前衛党指導者体質は、すでに一二年前の六全協とその直後の言動で証明されてはいる。しかし、一九六七年前後における国際的国内的政治情勢が、日本共産党最高権力者宮本顕治に、一九五二年度・一五年前に激発した武装闘争共産党問題に関し、あらためて明確な見解の再表明を迫る要因を発生させたことは事実である。それら五つの要因を検証する。

第一要因　中国共産党の文化大革命と日本共産党にたいする批判・圧力

一九六六年、文化大革命の中で、中国共産党は日本共産党批判と圧力を強めた。八月二三日、廖承志中日友好協会会長が教育事情視察訪中団に、日本人民にとって武装蜂起の戦術が唯一の正しい戦術であるとのべた。一九六七年七月七日、「人民日報」は、日本共産党批判をしつつ、日本における人民戦争を奨励した。中国共産党はあらゆる場所・新聞で、新左翼が行っている暴力行動を鼓舞・激励した。

第二要因　中国共産党の日本共産党批判・圧力に隷従するグループの発生

党内に、文化大革命と中国共産党の言動を無条件で支持する幹部、グループが発生した。それは、宮本・野坂らの一貫した中国共産党隷従体質が一九六四年までも続いていた中から必然的に生れたものと言える。彼らは、中国共産党の圧力に隷従し、武装蜂起・人民戦争を党内で唱え始めた。宮本顕治は、一九六六年九月五日、共産党山口県委員会幹部五人を除名し、九月一〇日原田長司の除名、一〇月一三日西沢隆二を除名した。

一九六七年八月、在北京の日本共産党駐在員砂間一良と、赤旗特派員に対し、中国が集団暴行を加えた。同八月、歌舞伎役者河原崎長十郎が劇団前進座から事実上の決裂をした。このころまでに、この問題をめぐり、千田是也、杉村春子（文学座）、中島健蔵（仏文学者）、井上清（歴史学者）も日本共産党から離党した。

第三要因　新左翼各派の暴力活動の活発化

一九六七年一〇月八日、一一月一二日と連続で、新左翼による羽田空港暴力事件が発生した。それ以前から、新左翼勢力の各派は、武装闘争を全面支持し、実行に移していた。それらの武装闘争実践は、七〇年安保闘争まで続いた。もっとも、新左翼が反帝・反スタ（＝スターリン主義の反日本共産党）を掲げたという事実は、歴史的に明らかなように、その発生の根源が日本共産党とその武装闘争路線にある。彼らは、武装闘争共産党が産み出した鬼っ子である。なぜなら、新左翼が大量に生れて、過激な暴力活動をしたことは、六全協共産党がソ中両党命令に隷従し、武装闘争の総括・データ公表をまったくしなかったという反国民的行為にその一因があるからである。彼ら新左翼幹部のほぼ全員が除名・離党の元日本共産党員だった。言い換えれば、六全協共産党が武装闘争総括・公表をしなかったことが、武装闘争五全協分派としての新左翼を産み出した要因の一つをなしている。宮本顕治は、その歴史的根源の六全協の誤りを恣意的に抹殺し、彼らをトロツキストと名付けて歴史から切り離し、全面的に敵対し、排斥した。もちろん、新左翼崩壊の主因は、五全協武装闘争共産党が崩壊した原因と同じで、彼らの武装闘争路線という活動内容にある。

第四要因　保守勢力挙げての共産党は武装闘争政党だとの大宣伝強化

これら三つの要因を受けて、自民党ら保守勢力は大いに喜んだ。六全協以降も、また、ソ中両党と決裂後も、宮本顕治は武装闘争の総括・データ公表を故意に拒否し、その党内討論もタブー化してきた。保守勢力は、共産党の欠陥を利用し、武装闘争データを具体的に暴露しだした。ほとんどの共産党員たちは、武装闘争実態に関して、何も知らず、宮本顕治らによって知らされていなかった。武装闘争の具体的事例に関する宮本顕治の党内向け路線は、党中央は常に正しいとよらしむべし、武装闘争実態を知らしむべからずだった。

第五要因　宮本顕治の五全協武装闘争共産党における中央活動の関与レベル疑惑浮上

その過程で、宮本顕治の武装闘争関与という個人疑惑がいくつか急浮上した。彼が、スターリン裁定に屈服し、五全協前に宮本分派を解散し、志田重男に自己批判書を提出し、五全協武装闘争共産党に復党していた事実が暴露された。その統一回復五全協において、スターリンの秘密人事指令により、中央委員に選ばれなかったにしても、復党直後の一九五一年秋、党中央宣伝部員になった事実も暴露された。その時期の宣伝部活動とは、火炎ビン作成の教本となった『球根栽培法』パンフの製作・印刷・秘密配布などという党中央レベルの武装闘争活動そのものだった。これまた、ソ中両党による秘密人事指令のお陰か、武装闘争共産党の中央指導部員に復帰した。これは、現在の常任幹部会員レベルである。五全協共産党公認として、彼は東京第一区立候補者になった。これは、全国的にみても中心選挙区であり、武装闘争共産党への参加・関与レベルを完全証明した。

誰が、どこが、これら宮本顕治疑惑データを漏らし、リークしたのか。宮本関与疑惑急浮上で得をするのは、三つがある。武装闘争共産党当時彼にもっとも近く、綱領論争で宮本により除名された国際派中央委員亀山幸三。国家権力側の公安調査庁。日本共産党を隷従させてきて、文化大革命礼賛を拒絶された中国共産党などが推測される。ただし、その証拠文献はない。

これら宮本顕治の武装闘争共産党への関与疑惑急浮上にたいし、彼は、その弁明をする必要に追い詰められた。そこで彼が選んだのは、党史と自己の真実を明らかにする道でなく、自己保身目的に基づく党史偽造歪曲だった。そして、それは、自動的に敵前逃亡という第二の犯罪性を持ち、大須事件に騒擾罪を成立させる上での副次的原因となった。自己保身の目的なら、二重犯罪になろうとも手段を選ばないというのが、最高権力者宮本顕治の人間性である。それが、大須事件公判最中における永田末男・酒井博らの宮本認識となった。

宮本顕治は、一、武装闘争実態の無総括・二、データ無公表・三、党内討論タブー化という誤った路線のつけを、一五年後に精算しなければならないという国際国内的要因、および、自己弁明必要という五つの要因に直面した。一九六七年における彼の選択肢は、その宮本言動という一つしかなかったのだろうか。

宮本顕治には、一五年前の武装闘争問題に関する対応・言動として、二つの選択肢が存在した。

選択肢一　ソ中両党と全面的に決裂したので、もはや彼らの総括・公表禁止命令に従う必要はなくなった。よって、武装闘争実態データを全面公表する。党内におけるタブー化をやめ、全党的に総括運動を初めて開始する。公判が続いている三大騒擾事件は、宮本顕治も復帰していた統一回復の五全協中央委員会の正式決定で遂行した武装闘争事件であったと認める。今日の共産党、および、宮本顕治自身もそれに直接の関係と責任があると宣言する。その公表・総括運動という大転換を通じて、武装闘争共産党のイメージを払拭し、他四つの要因とたたかう。

選択肢二　上記のような宮本言動で応える。党史の偽造歪曲をし、騒擾罪でっち上げの国家権力犯罪とたたかっている最中の三大騒擾事件裁判の被告人たちや家族の全員を見捨て、切り捨てる。武装闘争問題の党内討論のタブー化を強め、裁判支援の全党動員を禁止する。裁判闘争は被告・弁護団と関係党組織に丸投げする。ただし、党中央は裏ルートで公判における武装闘争実態公表の厳禁指令を貫徹し続ける。

宮本顕治が選んだのは、第二選択肢だった。その選択基準は何だったのか。党のためだけなのか、それとも、彼個人の自己保身目的によるものか。前衛党最高権力者の人間性を告発した永田末男の指摘は、当っているのか。

ただし、別の側面も見る必要があろう。宮本言動は、党勢拡大や選挙躍進において大きな効用をもたらしたという事実である。宮本顕治は、自分も直接の関係と責任がある五全協共産党とその武装闘争実態にたいし、一五年後の最高権力者として、現在の党だけでなく、私（宮本）も、それになんの関係も責任もないと断言した。その党史偽造歪曲のウソによって、共産党と彼自身に拭い難くまとわりついていた負の遺産と絶縁し、裁判被告人たち全員を切り捨てることができた。彼は、半非合法という暗闇時代の党史にまつわるウソによって、過去の武装闘争政党＝朝鮮侵略戦争参戦政党時期と断絶できた。おりしも、一九六〇年・七〇年安保闘争の国民的盛り上がりを受けつつ、また、高度成長時代のひずみが大量生産した政治への不満を吸収しつつ、その宮本式詭弁は、共産党を党勢拡大や選挙勝利課題において大躍進させるきっかけを創った。負の重しを武装闘争の海底墓場に密葬したり、不法投棄処分をしたことによって、彼は、身軽になった共産党を、一九六〇年・七〇年代政治世界の海面上に急浮上させることができた。

このテーマを長々と検討したのは、この選択が、下記にも、宮本顕治の大須事件公判にたいする直接干渉、および、大須事件の党史からの抹殺として、次々と現実化していくからである。

七、一九六六年以降の大須事件公判への直接干渉と党史からの抹殺

第一、一九六六年四月一〇日、永田末男の被告団長解任問題

宮本・野坂は、被告・弁護団の共産党グループにたいし、被告団第一七回総会で、被除名者・反党分子永田末男の被告団長を解任させ、事件当時の軍事委員長芝野一三に代えるよう命令した。共産党グループ会議は激論になった。永田・酒井は当然納得しなかった。総会で決戦投票をすれば、被告団一五〇人が永田に抱く信頼度から見て、党中央ルート秘密命令は、否決される可能性も高かった。しかし、それをすれば、被告団が分裂する危険もあった。永田末男は、名古屋市委員長として大須火炎ビン武装デモを指令した最高責任者だった。彼にとって、被告団を分裂させるような選択肢を取ることはできなかった。総会は、

永田末男が引き下がる形で、事件当時の軍事委員長芝野一三を新団長に選んだ。

第二、一九六九年三月一四日、永田末男の第一審最終意見陳述内容への干渉

共産党被除名者永田末男は、大須事件第一審最終意見陳述をした。そこでホームページ別ファイルの一、目次一～七において、警察・検察の権力犯罪を告発し、騒乱罪全員無罪を主張するとともに、二、目次八で、痛烈な共産党中央委員会批判、野坂・宮本批判を行った。三、目次九では、裁判所がどうしても、事件を有罪としたいのであれば、被告人中、唯一の共産党指導部の一員である自分だけを有罪にして、他の被告人全員を無罪にするよう主張した。

以下は、元被告酒井博の証言である。陳述前に、伊藤泰方主任弁護人・事実上の弁護団長は、被除名者永田末男に共産党批判を陳述することはやむをえない。だが、宮本書記長批判だけはやってくれるなと頼んだ。永田末男はそれを拒否し、法廷において、公然と宮本顕治批判を陳述した。伊藤主任弁護人の言動は、もちろん党中央指令によるものである。別件理由で除名をしておいて、除名指令者宮本顕治が、自分の批判をさせないように、共産党員の主任弁護人に命令して、被告人の口封じをさせるという心情・人格をどう考えればいいのか。

伊藤弁護人は、永田陳述が終わるや否や、立ち上がって、只今の永田被告の陳述は、被告団を代表するものでもなければ、弁護団も関知しないと、陳述八・九の内容を全面否定する発言を行った。

私は、伊藤弁護士をよく知っている。彼は、党中央の裁判闘争方針の枠内で、警察・検察の騒乱罪でっち上げ策謀にたいし、指導力を発揮してたたかった。私は、その側面で彼を高く評価している。しかし、

永田・酒井の裁判闘争方針の大転換要求に恐れおののき、それを拒絶し、さらには、排斥しようとする党中央の策略に、共産党員伊藤主任弁護人は抵抗しなかった。彼は、岩間正男参議院議員の秘書だった。宮本顕治は、大須事件裁判闘争方針で意見が対立する被除名者永田・酒井を抱える被告・弁護団を、党中央指令の枠内に押し込めるという任務を負わせ、第一審最終段階から、伊藤弁護士を岩間秘書の任務を解き、名古屋に緊急派遣した。

秘密任務を帯びた党中央派遣弁護士が共産党員を続けようとするのなら、宮本顕治の策謀に加担・服従するしかなかった、ともいえる。私は、共産党愛知県専従一三年間の体験から、彼の屈折した心情を理解できる。しかし、やはりその言動は、火炎ビン武装デモ実行者を見殺しにする敵前逃亡犯罪指導者にたいする怒りを共有できないレベルの誤りである。大須事件弁護団のほとんどは、被告団を分裂させないように配慮し統一公判を保った永田・酒井被告人にたいして、公平・誠実な態度をとっていたからである。

第三、一九七三年一一月一日、控訴審・春日正一幹部会員への被告人質問公判に干渉

これも、元被告酒井博の証言である。名古屋高裁控訴審の終盤、被告人質問の公判が始まった。永田・酒井は、被告・弁護団にたいし、大須事件にたいする共産党中央委員会の立場を具体的に聞くために、大須事件当時の幹部だった党中央役員を、被告人質問の証人として出廷させるよう要求した。宮本・野坂を呼ぶよう要求したが、党中央は拒否した。何度も要求した結果、共産党は、やむなく春日正一幹部会員を出すことを認めた。

当日、春日幹部会員の証人質問にあたって、共産党愛知県委員会は、永田・酒井の質問に圧力をかける

目的で、いつになく傍聴者の大動員をかけた。永田・酒井は、午後から春日に質問することになった。ところが、その前に、大須事件弁護団の中心弁護士の一人が、彼らを呼んだ。その弁護士は、二人にたいし春日幹部会員にたいする二人の被告人質問を取り止めてほしいと、両手をついて懇願した。酒井博が私に、この弁護士との信頼関係から名前を公表しないでほしいと言ったので、大須事件関係者ならすぐに推察でき、死去しているが、名前を伏せる。

酒井博は、それはおかしい。当時の共産党の動向についてぜひ証言してほしい。被告人質問はその唯一の機会だと拒否した。その弁護士はあなたたちの共産党批判はわかる。しかし、私の顔を立てて、なんとか止めてほしいと頼んだ。永田末男は、その弁護士との長期にわたる、誠実な信頼関係もあったので、今回はやめましょうと言って、春日に質問することを中止した。春日は、その結論を聞いて、法廷でもリラックスし、裁判長の質問に答えていた。法廷終了後、春日幹部会員は、二人に近寄り、党の団結と統一のためにと両手を差し出した。永田被告人は春日さん、僕らと手を握ってはいかん。反党分子ですよ。とにかく宮本顕治を法廷に出廷させよと要求した。春日は、それに答えず今日はとにかくありがとうと言った。

大須事件の弁護団は、騒乱罪でっち上げの権力犯罪とたたかう上で、献身的に活動した。その中心メンバーは、ほとんどが共産党員だった。被告団も、火炎ビン武装デモを遂行した中心メンバーの全員が共産党員だった。裁判闘争方針をめぐって、一部被告人と共産党中央委員会との意見対立が発生しなければ、被告人と弁護士との対立も起きなかった。現実に永田・酒井問題が表面化したとき、共産党員弁護士たちは、二人の主張と、宮本顕治指令とのはざ間に置かれ、いずれを支持するのかというジレンマに立たされた。伊藤弁護士は、もともと、宮本顕治の密命を帯びて、第一審最終盤に名古屋に派遣されたので、完全に党中央方針擁護の立場を貫き、矛盾を持たなかったのかもしれない。他の現場名古屋市で活動していた弁護士たちは、両者にたいして、どういう心情を抱いたのか。彼らは、心の奥底で、永田・酒井の主張を支持していなかったのだろうか。しかし、表面だって、二人の主張を支持する共産党員弁護士は最後まで一人も現れなかった。

敵前逃亡という用語は、大須事件被告酒井博地区委員長が、パンフや永田略歴書などで繰り返し使っている。これら永田・酒井排斥手口、法廷での干渉をいくつも体験すれば、それを行なった指導者たちの言動を規定する日本語は、敵前逃亡犯罪とならざるをえない。

第四、一九九三年・九四年、党史から大須事件記録を抹殺

一、一九九三年二月、『愛知・日本共産党物語』からの大須事件記述抹殺

党中央は、各都道府県委員会にたいし、それぞれの『日本共産党物語』を出版せよとの方針を出した。党中央に忠実な愛知県常任委員会は、一九九三年二月、『愛知・日本共産党物語』（愛知民報社、二七一頁）を発行した。その内容は戦前の共産党創設から、一九六六年部分核停条約問題までにわたる。大須事件と二人除名の記述が二箇所だけある。

「渡航制限をこえてソ連・中国を訪問した帆足、宮腰両代議士の歓迎報告大会は、県民の大きな共感をよび、大須事件当夜の七月七日、一万人が大須球場を埋めたのである」（二〇四頁）。

「志賀らソ連追随の反党組織日本のこえは、愛知でもその策動をひろげた。六五年四月八日、名古屋市公会堂で志賀、鈴木、神山茂夫、中野重治の四人による日本共産党大演説会をかたった集会がひらか

れた。その演説会開催の中心になったのは、以前から日本共産党を脱走し長期にわたり反共分裂策動をしていた藤本功、かつて党名古屋市委員長をつとめ、大須事件被告団長であった永田末男や酒井博らであった。彼らは演説会のステッカー、ビラを街頭や労組、民主団体、大衆集会で配布したが、二千人余の席がある会場にわずか百五十余人であった。党は、永田、酒井をだんことして除名した」(二六一頁)。大須事件関係個所はこれだけである。大須事件の内容を完璧に抹殺している。そして、二人の除名だけを記述した。集会参加者はマスコミ報道でも六〇〇人だった。百五十余人とは共産党式ウソである。これは、まさに、二七一頁もある愛知県党史から大須事件を抹殺させた物語となった。これらの記述には、当然、党中央による事前検閲と削除・挿入指導があった。というのも、党中央・都道府県委員会出版物は言うまでもなく、新日本出版社から出す書籍が、党中央の学術文化委員会や知識人委員会による一〇〇%の事前検閲と削除・挿入指導を通らなければ、出版できないことになっている。その事実は、著者数人の秘密証言とともに、大月書店の共産党支部所属党員を含めた公然たる事実認識だからである。私は、新日本出版社からの新書出版において、党中央の不当な削除・書き換え事前指導を受け、それを拒絶した学者党員の証言を直接聞いている。

二、一九九四年五月、『日本共産党の七十年・党史年表』からの大須事件記述抹殺

『日本共産党の七十年・党史年表』は、驚くことに、大須事件そのものを年表記録から抹殺してしまった。私は、大須事件を調べる中で、年表を見て、その抹殺事実を発見した。これはいかにも奇妙、不可思議である。共産党は、『日本共産党の六十年』『六十五年』『七十年』『八十年』を出版している。『八十年』は年表そのもの全体を削除してしまったので、比較できない。そこで他三つを比べる。もともと、党史本文は、

表十八　一九五二年度「日本」欄の月日データ比較

党史	『六十年』一九八二年	『六十五年』一九八八年	『七十年』一九九四年	『八十年』二〇〇三年
月日データ件数	二八件	三二件	四〇件	『年表』全面削除のため一切なし
一・二一白鳥事件	×	○	○	
五・一メーデー事件	○	○	○	
六・二四吹田事件	○	○	○	
七・七大須事件	○	○	×	
大須事件前後データ	六・二四吹田事件 七・七大須事件 七・二一破壊活動防止法公布	六・二四吹田事件 七・七大須事件 七・二一破壊活動防止法公布	六・二四吹田事件 七・九全国地域婦人団体連絡協議会結成 七・二一破壊活動防止法公布	

四冊とも、三大騒擾事件について、メーデー事件の記述しかなく、大須事件の記述を一度もしていない。

大須事件元被告酒井博は、さすがに私よりも早く、この抹殺事実を発見していたことが分かった。二人で、『年表』から大須事件月日データを抹殺した理由を推測し合った。『年表』作成の権限・責任者は、よく知られているように、宮本顕治と元宮本参議院議員秘書・常任幹部会員・社会科学研究所長宇野三郎の二人である。二人は、専権事項として、『党史』『年表』記述項目の取捨選択権限を私的に独占していた。宇野三郎は、愛知県西三河出身で、宮本秘書団私的分派の中心メンバーだった。『党史』作成における、二人の分派的独裁・専権レベルは、党本部勤務員・赤旗記者・国会議員秘書・新日本出版社社員ら八〇〇人のほとんどが知っている。八〇〇人は、党中央のマスコミ公表数字である。新日本出版社社員は、有田芳生の解雇・除籍当時と同じく、全員が党本部勤務員扱いである。

となると、二人が、『年表』から大須事件月日データそのものを抹殺してしまうという真意は何だったのか。七・七大須事件を削除して、その代わりに七・九全国地域婦人団体連絡協議会結成を挿入する意図をどう解釈すればいいのか。宮本顕治を信仰する党員は、うっかりミスで印刷漏れになったと宮本弁護をするかもしれない。酒井博と私は、たまたま漏れたという善意の解釈を当然ながら否定した。しかし、『年表』から大須事件月日データを抹殺しなければならないという動機が、どうにも判読できかねる。宮本顕治は、それほど大須事件を毛嫌いしているのだろうか。

宮本顕治が、大須事件とその月日データを『年表』から削除・抹殺してしまった意図は、いくつか憶測できないこともない。三大騒擾事件中で大須事件だけが騒擾罪有罪になった。これは、宮本顕治も自己批判・復帰した統一回復五全協共産党が遂行した火炎ビン武装デモ計画・準備の決定的な裁判・判決証拠として歴史に残ってしまった。宮本顕治の騒擾事件公判方針に批判・叛逆したのは、三大騒擾事件公判の被告中で大須事件被告の二人だけだった。永田末男は公判において、二度も宮本顕治批判を公然と行った。その批判内容も公判文書に残ってしまった。彼ら反党分子は、宮本顕治を大須事件公判に出廷させ、二人による被告人質問をさせるよう要求した。宮本顕治は、彼らの強烈な主張を拒否すれば、法廷内外において何をしでかすかわからないとの恐怖に囚われ、それに屈した。そして、やむなく、自分の身代りに、春日正一幹部会員を出廷させるという屈辱を味わった。

このように、法廷での公然たる名指し批判を受けたり、屈辱を味わさせられたケースで、宮本顕治というスターリン型共産主義的人間がどれほどの報復心を抱くのか。彼が日本共産党最高権力者として遂行した批判・異論専従への大量の報復パターンから、それをシミュレーションすることも可能である。『年表』からの大須事件月日データ抹殺行為も、その一環と位置づけられる。

一方、たかが、『年表』三九七頁中の一件、一九五二年度月日データ四〇件中の一件が削除されたぐらいで目くじらを立てるのは大人気ない、それは大須事件元被告や被除名者のひがみ根性のなせるわざだ、と考える共産党員がいるかもしれない。されど、大須事件は三大騒擾事件の一つという重大事件である。よほどの悪意がなければこのような削除・差替えは起り得ない。

歴史記述・分析において、ifと言うことは邪道だとされる。しかし、もしも、宮本顕治が一九六七年度の五つの要因に直面し、かつ、ソ中両党との決裂によって、その国際的命令が失効した時点で、上記の選択肢一を選んでいたら、大須事件支援運動や判決は、どうなっていただろうかと空想する

私は、名古屋生れ・名古屋育ちの人間として、かつ、名古屋市・愛知県内で、大須事件公判中の一五年間を民青・共産党専従活動に取り組んできた者として、大須騒擾事件被告の一五〇人全員を無罪にし得たのではないかと、私の自己批判を込め痛恨のおもいをもって考えざるをえない。

あとがき

大須事件と裁判を調べるに当たって一番苦労したのは、資料集めと関係者からの取材だった。その前後や経緯について書く。

私は、一九九七年六〇歳で、ホームページ『共産党問題・社会主義問題を考える』を開設した。その動機は、一九九四年日本共産党第二〇回大会前からの宮本顕治による丸山眞男批判大キャンペーン一三回の内容とやり方に強烈な批判と憤りを持ったからである。そこで、その経過分析とともに、原資料として、丸山眞男論文とともに、共産党側の攻撃文のかなりをホームページに載せた。

その分析を通じ、戦前の日本共産党史に関する公式記述に疑問を抱いた。そして、逆説の戦前党史を書いたり、他文献を転載した。それは、戦後日本共産党史の真偽検証に向かった。様々なテーマを研究する中で、朝鮮戦争と日本共産党の武装闘争との関連に疑問が膨らんだ。そして、二つの文献・資料集めに熱中した。キーポイントは、やはり一九五二年の白鳥事件と三大騒擾事件だと分かった。

ところが、それらの原資料や研究・評論書を探したが、メーデー事件以外は見つからなかった。それでも、まずメーデー事件について、当時の東京都ビューロー増山太助さんと連絡をとり、また、熱海の自宅に行き、泊り込みで取材をした。彼から貴重な証言と資料多数を頂いた。さらには、インターネットで国会図書館を検索し、『メーデー事件の検察研究特別資料』（部外秘）を発見し、コピーを入手した。メーデー事件の被告・弁護団文献や他文献をあわせ、人民広場突入の事前準備・計画は不明のままだが、それ以外かなり解明できた。

吹田・枚方事件については、枚方事件元被告の脇田憲一さんが、『吹田・枚方事件の検察研究特別資料』（部外秘）を入手し、詳細な著書『朝鮮戦争と吹田・枚方事件』を出版した。

残るのは、大須事件だけである。しかも、三大騒擾事件中、騒擾罪成立は、大須事件だけだが、その評論・研究書がなく、原資料も手に入らなかった。大須事件公判二六年間中、私は名古屋市民青・共産党専従を一五年間もしていたのに、事件の実態・真相についてまるで知らなかった。本文でも書いたが、宮本顕治と愛知県常任委員会による犯罪的な大須事件・公判タブー化路線によって、専従といえども、無知にさせられていた。もちろん、これは、私の個人責任を免罪にするものでなく、共産党専従としての無責任な恥さらしである。

しかし、灯台下暗しで、私も同人である『象』同人のかなりが、大須事件の現場や被告・弁護団と直接間接の関係を持っていることが判明した。同人の一人や会友が、共産党側＝被告・弁護団側のパンフ、資料、ビラをくれた。その紹介で、元被告・被除名者酒井博さんに会うことができた。彼に何度も取材しただけでなく、膨大な被告・弁護団の公判資料、裁判判決文を借りた。特別な重要資料は、彼が入手していた『大須事件の検察研究特別資料』（部外秘）だった。さらに、インターネット古本屋で検索し、被告・弁護団の『大須事件写真集』も購入した。本文にも、すべて実名で書いたが、多くの方々に取材し、快く資料やエピソードを提供していただいた。

ただし、残念なことが二つある。一つは、元被告・名古屋市委員長・被除名者永田末男さんに生前の取材ができなかったことである。彼に会えていれば、もっと細部の情報を聞くことができた。実は、そのチャンスがあった。彼が、実刑三年が確定し、下獄するとき、彼の友人から私に電話があり、三重県松阪市で開いている学習塾を私に引き継いでくれないかとの依頼があった。しかし、私も、日本共産党との民事裁判を終え、生活のため、自宅で学習塾を開く準備をしているところだった。やむなく、その依頼を断ったが、そのとき、まず会っていればよかったと今になって、後悔している。というのも、党中央軍事委員岩林虎之助による火炎ビン武装デモの命令と強要などの会話・情景を具体的に話せるのは、彼と、名古屋市軍事委員長芝野一三の二人しかいないからである。

もう一つは、取材相手として、知人に頼んだが、現役の共産党員や共産党員弁護士が応じてくれなかったことである。反党分子の私に会う気もしないだけでなく、会ったことが判明すれば、規律違反で査問されるからでもある。

資料を熟読し、評論の構想を練るのに、半年以上かかった。書き始めても、机の上に十以上の資料・文献を広げつつ、パソコンに打ち込んだ。本文に書き込めないデータは、ホームページの『大須事件資料編第一部～五部』に載せた。最初の資料集めから、全体の完成までに三年以上かかった。

妻には、同人誌『象』に載せた八回ごとに、校閲をしてもらい、助言をもらった。『象』合評会においても、毎回、同人たちから貴重な意見・批判をいただいた。これらに感謝している。

著者紹介

宮地健一（みやじ　けんいち）

1937年名古屋市生まれ。1959年名古屋大学経済学部を卒業し、３年間民間会社で勤務。職場の共産党細胞長→民青地区委員長・専従→名古屋の共産党専従（現在では５つの地区委員長）→愛知県選対部員。民青・共産党専従経歴15年間。共産党専従時期に、愛知県常任委員会・党中央の極端で一面的な赤旗拡大の誤りを正規の会議で批判したことにより、それへの報復として、専従を解任された。そのような党内犯罪に怒って、党内で報復批判の闘争を１年８カ月間続け、1977年第14回大会に警告処分・報復的専従解任を撤回せよとの党大会上訴。それは無審査・無採決・30秒で却下された。そこで、1977年、名古屋地裁に専従解任不当の民事裁判を提訴した。憲法の裁判請求権を行使したことを唯一の直接理由として除名。以後、21年間、学習塾をしていたが、東欧革命・ソ連崩壊の刺激を受け、1997年・60歳から、『共産党問題・社会主義問題を考える』タイトルのホームページを立ち上げた。

住　所　〒482-0006　愛知県岩倉市稲荷町羽根12-17
メール　mel-ken@mxw.mesh.ne.jp
ホームページ　検索→宮地健一

検証《けんしょう》：大須事件《おおすじけん》の全貌《ぜんぼう》——日本共産党史《にほんきょうさんとうし》の偽造《ぎぞう》、検察《けんさつ》の謀略《ぼうりゃく》、裁判経過《さいばんけいか》

2009年5月1日　第1版第1刷発行

著　者　宮　地　健　一
発行者　橋　本　盛　作
発行所　株式会社御茶の水書房
〒113-0033 東京都文京区本郷 5-30-20
電 話　03-5684-0751
振 替　00180-4-14774

Printed in Japan
印刷・製本　（株）タスプ

ISBN978-4-275-00834-3　C3031